NO TAN RÁPIDO

No tan Rápido

Cómo orientar a sus adolescentes acerca de los peligros de conducir

TIM HOLLISTER

Prólogo de Sandy Spavone, Directora ejecutiva de National Organizations for Youth Safety

First edition
Published by Chicago Review Press, Incorporated
814 North Franklin Street
Chicago, Illinois 60610

ISBN 978-1-61373-392-9

Cover design: Rebecca Lown
Cover illustration: Nancy Diamond
Interior design: PerfecType, Nashville, TN

Library of Congress Cataloging-in-Publication Data
Are available from the Library of Congress

Printed in the United States of America
5 4 3 2 1

Para Reid

CONTENIDO

PRÓLOGO

National Organizations for Youth Safety (Organizaciones Nacionales para la Seguridad Juvenil, o NOYS por sus siglas en inglés) empodera a los adolescentes para que puedan asumir papeles de liderazgo con el objetivo de salvar vidas, prevenir lesiones y promulgar la seguridad y los estilos de vida saludables. Entre los objetivos más destacados de NOYS están la seguridad vial y la conducción segura entre los adolescentes.

Por mucho que nos esforcemos en educar y animar a los jóvenes para que sean sus propios guías y actúen de forma responsable, debemos reconocer el papel fundamental de los padres y de otros adultos cuando se trate de manejar un auto. La aplicación de la ley, el papel de las escuelas y lo que enseñan los profesores de manejo tienen sus limitaciones. Como reconocen prácticamente todas las organizaciones dedicadas a la seguridad vial, los padres son esenciales a la hora de orientar y supervisar a los adolescentes, tanto antes de que aprendan a manejar como después, cuando ya se hayan convertido en conductores responsables de su propia seguridad y la de los demás, ya que todos compartimos las mismas carreteras.

Debido a esta realidad, NOYS y sus miembros, que incluyen más de sesenta coaliciones nacionales que representan a ochenta mil jóvenes y adultos, reciben con entusiasmo el libro de Tim Hollister, *No tan rápido*. Todos los que hemos visto cómo Tim se transformaba de padre desconsolado en participante en las reformas de la ley para conductores adolescentes de su estado, y después en escritor prolífico y conferenciante, agradecemos su perspectiva personal tan convincente, sus pensamientos acerca de cómo la relación entre padres e hijos afecta la forma de manejar de los jóvenes y sus esfuerzos extraordinarios por suplir la falta de información necesaria a los padres y guardianes de conductores adolescentes. En resumen, Tim ha hecho la tarea por nosotros: ha estudiado innumerables datos e informes, extrayendo lo más importante, y nos ha explicado, de manera fácil de comprender, los riesgos que afrontan los adolescentes cuando manejan y cómo pueden evitar las situaciones más peligrosas. Los que nos dedicamos a la seguridad vial recibimos con gratitud su trabajo y lo consideramos un recurso necesario. NOYS y sus miembros elogian el hecho de que Tim haya decidido transformar su tragedia personal en algo que beneficia a toda la comunidad, y apoyamos sinceramente su forma de abordar el tema de la seguridad en la conducción adolescente.

—Sandy Spavone
Directora ejecutiva
de National Organizations for Youth Safety
Gainesville, Virginia

NOTA DEL AUTOR

Los ingresos generados por la venta de este libro serán destinados a la Fundación Conmemorativa de Reid Samuel Hollister, a través de la Iglesia Congregacional de Asylum Hill en Hartford, Connecticut, y a diversos programas relacionados con la seguridad vial. La Fundación respalda las guarderías y los centros de educación infantil de la ciudad de Hartford. En el sitio web de este libro se actualizará periódicamente la información acerca de las contribuciones realizadas con estos ingresos.

La palabra "adolescente" se refiere principalmente a los jóvenes de quince a veinte años. Cuando me puse a escribir este libro, dudé de si debía usar la palabra "niño" para referirme a los adolescentes. Reconozco que cada adolescente es diferente: mientras que unos sufren una falta de madurez alarmante y no parecen preparados para aprender a manejar con dieciséis o diecisiete años (e incluso con veintiuno o veintidós), otros se muestran juiciosos y cuidadosos con solo quince. Para evitar descripciones que podrían ser injustas para algunos, prefiero usar la palabra "adolescente", que es neutra en cuanto a nivel de madurez.

Dado que a muchos adolescentes los supervisan adultos que no son ni sus padres biológicos ni adoptivos, cuando digo "padre", me refiero, por supuesto, tanto a padres como a madres y a cualquier adulto que supervisa al adolescente a la hora de conducir (en mi modelo de acuerdo de conductor adolescente, utilizo el término "adulto supervisor").

National Highway Traffic Safety Administration (Administración Nacional de Seguridad del Tráfico en las Carreteras, o NHTSA por sus siglas en inglés) evita el uso de la palabra "accidente". En su lugar utiliza la palabra "choque" para dejar claro el hecho de que los percances en los que están involucrados los autos son completamente evitables. Estoy de acuerdo con esto y también utilizo "choque" en este libro.

Aquí hago un uso limitado de datos estadísticos, pero cuando lo hago, deben considerarse simplemente como indicativos de un rango u orden de magnitud. Las estadísticas de mortalidad suelen ser bastante precisas. No obstante, los datos acerca de choques, lesiones y costos no se reportan ni se calculan de manera uniforme; por tanto, estos números deben considerarse solamente como indicativos de tendencias y magnitudes.

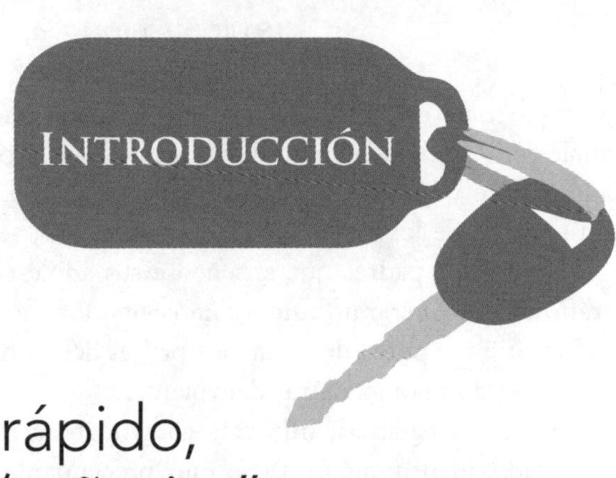

"No tan rápido, señorito/señorita"

Mi hijo Reid murió a los diecisiete años en un choque automovilístico en una carretera interestatal en diciembre del 2006, once meses después de haber recibido su licencia de conducir.

Después del choque, lo que me atormentaba no era tanto la idea de haber cometido algún terrible error a la hora de supervisar a mi hijo cuando conducía, sino la confusión que sentía porque creía haber hecho todo lo que debía hacer como padre —lo mismo que veía que hacían los demás padres— y aun así había muerto.

Cuando en el 2007 fui invitado a participar en una comisión especial que reformó las leyes para conductores adolescentes en mi estado, estas eran muy poco severas. Mientras trabajaba en esta comisión, me di cuenta de que durante esos meses del 2006 *yo* había actuado como un padre convencional: como tantos otros padres, *no estaba* bien informado acerca de los riesgos y peligros a los que se enfrentan los adolescentes cuando manejan. Esto se debía en parte al hecho de que gran parte de la información disponible para padres de conductores adolescentes no describe completamente los peligros de la conducción adolescente y lo que los padres pueden hacer para intentar evitarlos. La mayoría de los artículos, guías y manuales, según descubrí, recomiendan a los padres que enseñen a sus adolescentes las normas de tráfico, cómo operar un auto y cómo evitar los choques, pero no hablan (o hablan muy poco) de lo que los padres deben hacer *antes* de que un adolescente se ponga detrás del volante.

En otras palabras, mientras yo ayudaba a reformar las leyes de mi estado, identifiqué un vacío muy preocupante en la literatura disponible: la falta de información acerca de por qué y cómo los padres deben orientar a sus adolescentes en el día a día antes de que comiencen a manejar. Con este libro pretendo llenar ese vacío.

En las páginas siguientes, los padres encontrarán información sobre asuntos que rara vez se abordan en los materiales usados en las clases de manejar y que nunca hasta ahora se habían reunido en una sola fuente, incluyendo los siguientes:

- las características de los adolescentes y conductores nuevos que los hacen más propensos a los choques y que, lamentablemente, no se pueden superar con formación y buenas intenciones;
- por qué las clases de manejar no bastan para producir conductores seguros;
- cómo las actitudes (conscientes e inconscientes) de los padres pueden incrementar los riegos;
- saber si un adolescente está preparado para conducir, tenga o no derecho por su edad;
- por qué funcionan las leyes estrictas para los conductores adolescentes;
- cómo conseguir que los conductores adolescentes presten atención a las advertencias de seguridad;
- la diferencia tan crítica entre conducir en serio y conducir para divertirse;

- cómo negociar y ejecutar un acuerdo de conductor adolescente que reconoce y previene las situaciones de más riesgo;
- cuándo entregar las llaves del auto;
- por qué los pasajeros, incluyendo a los hermanos, pueden ser especialmente peligrosos;
- cómo establecer las horas de llegada a casa;
- cómo usar las sanciones de tráfico como herramienta de aprendizaje;
- las trampas de seguridad escondidas cuando compramos un auto, la tecnología del "auto conectado", los auriculares y los formularios de permiso de transporte estudiantil;
- por qué el precio de la gasolina es una desventaja pero también una ventaja;
- por qué es esencial la tolerancia cero en lo que se refiere a las distracciones electrónicas y el conducir bajo la influencia de sustancias dañinas;
- si es buena idea que los adolescentes utilicen un GPS;
- lo que pueden hacer las escuelas secundarias;
- cómo supervisar a los adolescente de otras personas; y
- el reto especial al que se enfrentan las familias monoparentales y de habla no inglesa cuando sus adolescentes aprenden a conducir.

Este es, por tanto, un libro único y un tanto extraño para los padres de conductores adolescentes, ya que prácticamente no contiene información sobre cómo enseñar a un adolescente a manejar un auto. Mi propósito principal es ayudar a los padres a tomar decisiones inteligentes acerca de si sus adolescentes deben aprender a manejar en primer lugar y, en caso afirmativo, cuándo y cómo deben hacerlo, tanto inicialmente como en el día a día. Lo que quisiera hacer aquí es ayudar a los padres a entender los riesgos reales a los que se enfrentan los adolescentes cuando manejan, identificar y debatir ciertas actitudes y suposiciones que podrían confundir a los padres y empoderarlos para que puedan evaluar las circunstancias de cada día y decir "no" cuando sea necesario. Me gustaría compartir con los demás padres lo que yo he aprendido desde el choque de mi hijo, con la esperanza de evitar que las familias y las comunidades pasen la agonía y el dolor producidos por los choques, las lesiones y la muerte de un ser querido.

Como ejemplo de la información engañosa que aparece en gran parte de las publicaciones actualmente disponibles, esta es una lista de diez recomendaciones para los padres de conductores adolescentes publicada por una empresa nacional:

1. Contrate más clases de manejar de las requeridas por las leyes estatales.
2. Haga muchas prácticas durante la fase del permiso de aprendizaje.
3. Hable de la seguridad con su adolescente.
4. No grite hasta que lleguen a casa.
5. Haga un repaso de la sesión después de cada salida.
6. Lleve la cuenta de los pasajeros.
7. Recuerde a su adolescente que conducir puede ser peligroso.
8. Elija un auto con una buena calificación de seguridad.
9. Suba al auto con su adolescente periódicamente para comprobar que tiene hábitos seguros.
10. Comparta el costo del seguro y otros gastos.

Aquí se hace hincapié en cómo operar un vehículo, no en minimizar los riesgos con una intervención antes de comenzar a conducir. Se da por supuesto que los adolescentes comenzarán a manejar el mismo día en que tengan legalmente edad para hacerlo, y que los padres no podrán hacer prácticamente nada para impedírselo. Esta lista típica refuerza esas actitudes; no anima a los padres a considerar que cada nuevo día representa una nueva situación que requiere una nueva evaluación y una nueva decisión en cuanto a si su adolescente debe conducir, y cuándo y cómo debe hacerlo. Lo que falta aquí es la idea de que los padres, en el día a día, deben controlar y evitar las situaciones específicas que podrían suponer los mayores riesgos para un conductor adolescente.

¿Por qué razón faltan estas consideraciones de tantas guías y artículos sobre el tema? Vivimos en una sociedad en la que se glorifica el uso y la dependencia del auto. Vemos el hecho de sentarse detrás del volante como sinónimo de libertad y aventura, y no nos preparamos para los riesgos. Pagamos para ir al cine y ver cómo chocan los autos en las películas. (Incluso hay un anuncio para la televisión de alta definición que presume de que "los autos que se hacen añicos se ven mejor en alta definición".) Nos angustiamos por la muerte de los más de 4,500 soldados en Irak a lo largo de varios años, pero no prestamos atención a ese mismo número de personas que mueren en las carreteras de EE.UU. cada sesenta días. Las muertes por choque automovilístico se consideran noticias locales, el precio que pagamos por nuestra sociedad móvil. Este es el trasfondo cultural que encuentran los padres cuando sus adolescentes llegan a la edad mínima para conducir y entran en el mundo adulto de emoción y exploración.

Los padres que vayan a leer este libro porque están preocupados por la seguridad de sus adolescentes, porque estén a punto de enfrentarse a este reto o ya estén inmersos en él, deben entender que les espera una ingrata tarea. Cuando un padre dice "no" o "no tan rápido" a un adolescente ansioso por empezar a manejar, es como nadar contracorriente. Ser padres ya es difícil, y orientar a un adolescente es más difícil aún, pero salvaguardar la seguridad de los conductores adolescentes probablemente sea el mayor reto de los padres. Requiere, entre otras cosas, resistir la presión tanto del adolescente como de otros padres, contrarrestar los mensajes de los anuncios y los medios, tomarnos más molestias y reconocer las omisiones, actitudes inconscientes y prejuicios en lo que leemos. A los padres que sigan los consejos de este libro y pongan la supervisión antes que la práctica, seguramente nunca los feliciten sus adolescentes u otros por salvar vidas o evitar lesiones. Pero ellos se sentirán satisfechos al saber que han hecho un esfuerzo adicional.

No obstante, por muy difícil que nos parezca ampliar nuestro punto de vista acerca de los conductores adolescentes, es importantísimo que lo intentemos, pues los riesgos de equivocarse pueden resultar en una lesión o incluso la muerte, no solo de un familiar, sino también de otras personas, como pasajeros, otros conductores, peatones y transeúntes. Unos tres millones de adolescentes obtienen la licencia de conducir cada año en Estados Unidos, y cada año hay más de trece millones de conductores con licencia de entre quince y veinte años, o un 6.4 por ciento del total de 210 millones. Sin embargo, estos adolescentes son responsables del 14 por ciento de los choques. Los índices de choques de los conductores adolescentes son tres veces más altos que los del grupo de conductores más seguros, los que tienen entre treinta y cinco y cuarenta y nueve años. En el 2010, murieron casi dos mil conductores adolescentes, pero murieron 3000 "otras personas" en esos mismos choques. Cada día en Estados Unidos muere un promedio de catorce personas y otras ochenta sufren lesiones en choques en los que están involucrados conductores adolescentes.

Además, cuando se trata de choques, lesiones y muertes, no hay favoritismos. Aunque es cierto que los chicos adolescentes tienen más choques que las chicas de las mismas edades, los choques ocurren tanto en comunidades urbanas como suburbanas y rurales; ocurren en hogares de gente pudiente, de clase media y de ingresos bajos; ocurren entre gente de todos los orígenes étnicos y nacionalidades; y también ocurren tanto entre adolescentes que se portan bien y son maduros como entre los más temerarios. Estos titulares, recopilados en solo diez días a mediados del 2011 por Safe Roads 4 Teens (Carreteras Seguras para Adolescentes, un grupo que apoya el establecimiento de unas normas mínimas nacionales de conducción adolescente en todos los estados), dan una idea del alcance geográfico:

- Inman, Carolina del Sur: *Conductor adolescente se mata después de salirse de la carretera y chocar contra un árbol*
- Kirksville, Misuri: *Pasajero adolescente muere en un choque de auto con un conductor de dieciséis años*

- Myrtle Beach, Carolina del Sur: *Adolescente de diecisiete años muerto, dos más lesionados en un choque durante las vacaciones de primavera*
- Post Falls, Idaho: *Muere conductor de diecisiete años, dos pasajeros adolescentes lesionados al chocar contra un árbol*
- Condado de Reno, Kansas: *Muere conductor de diecisiete años y su hermano de trece en un choque camino a la escuela*
- Acton, Massachusetts: *Muere hombre de sesenta y un años al ser atropellado por un conductor de diecisiete*
- Jonesboro, Arkansas: *Muere adolescente de diecisiete años en un choque con un tren*
- Raleigh del Norte, Carolina del Norte: *Muere conductor de dieciséis años en un choque de un solo auto*
- Marietta, Georgia: *Muere conductor de dieciséis años en un choque junto con su madre*

¿Es posible que los padres no hagan caso a este libro y que aun así sus adolescentes lleguen a la edad adulta sanos y salvos? Por supuesto que sí. Así lo hacen cientos de miles de adolescentes. La cuestión es si los padres prefieren tirar los dados o tomar medidas para conseguir que las probabilidades estén más a su favor.

Para reducir las probabilidades y bajar los índices de choques, es igual de importante supervisar a los adolescentes antes de que vayan a manejar que enseñar a un adolescente a girar en una intersección con mucho tráfico. Hay muchas medidas que los padres pueden tomar, y que rara vez se mencionan en los recursos disponibles. Si consiguiéramos educar mejor a los padres de los tres millones de adolescentes que obtienen sus licencias de conducir cada año para que consideren que operar un vehículo es el segundo paso; si fueran capaces de detener a sus ansiosos adolescentes con las palabras "¡no tan rápido!" y de tomar medidas para evitar peligros y trampas, podríamos reducir el número de choques, lesiones y muertes entre los conductores adolescentes y evitar su devastador impacto sobre las familias y las comunidades.

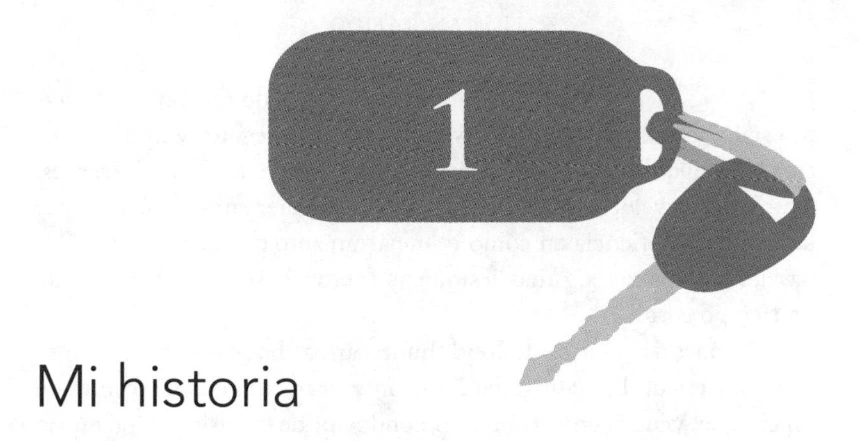

1

Mi historia

En el año 2006, yo era un padre normal y corriente de un conductor adolescente. Me preocupaba de vez en cuando por la seguridad de mi hijo, pero en general confiaba en que lo que yo le había enseñado (lo que requería la ley estatal y sugerían las publicaciones sobre el tema) era suficiente.

El 2 de diciembre del 2006 todo eso cambió. Mi hijo Reid, de diecisiete años, murió en un choque de un solo auto. Iba manejando por una carretera interestatal de tres carriles donde seguramente no había manejado antes. Era una noche oscura y hacía poco que había dejado de llover. Al parecer, superaba el límite de velocidad y se equivocó al tomar la curva. Después, intentó corregirse y el auto comenzó a dar vueltas. Debido al impulso, el auto podría haber seguido un montón de trayectorias diferentes, pero chocó contra la punta de una barandilla justo en medio de la puerta del lado del conductor y el resultado fue que le aplastó el lado izquierdo del pecho. De haber ocurrido el impacto solamente dieciocho centímetros más adelante o más atrás, habría sobrevivido. No había tomado alcohol ni drogas ni estaba usando el celular. Sus pasajeros eran legales y estaba dentro del toque de queda de su estado para conductores adolescentes. Murió por la velocidad, por viajar en una carretera desconocida y por la falta de experiencia en cómo manejar un auto que derrapa. Sus dos pasajeros sufrieron algunas lesiones y fueron hospitalizados durante un tiempo corto.

Después del choque de Reid, hubo varios choques horrendos más en Connecticut. En agosto del 2007, murieron cuatro adolescentes en un choque, y luego en octubre, un conductor de diecisiete años murió junto con su hermana de catorce y una amiga de esta, de quince.

Al leer las noticias acerca de estos otros choques, comencé a reflexionar más profundamente acerca de lo que yo había hecho —o no había hecho— para controlar la forma de conducir de Reid. Como resultado de estas tragedias yo y todo el estado de Connecticut nos hicimos más conscientes de los peligros de la conducción adolescente. A ratos defendía mi propia conducta, pero luego pensaba que, si había hecho todo lo que debía, ¿por qué había muerto Reid?

Al comparar los otros choques con el de Reid y las acciones de otros padres con las mías, me hice ilusiones de que me había comportado como un padre responsable. Habíamos permitido a Reid comprar un auto seguro y sensato, un Volvo, en lugar de un auto de carreras. Yo me había informado de las leyes que gobernaban los conductores adolescentes de Connecticut en ese momento y me había asegurado de que Reid las entendiera. Le había dado más de las veinte horas de prácticas requeridas por la ley y lo había inscrito en una escuela de manejo. Insistía en que siempre se pusiera el cinturón de seguridad y no le permitía usar el auto cuando rompía las reglas de nuestra casa. Incluso una vez lo había dejado sin auto durante una semana o más. Durante once meses había manejado sin chocar. Al revisar todo esto, no parecía que yo hubiera cometido ningún error espantoso y obvio. Entonces, ¿en qué me equivoqué? Si hubiera sido un padre más estricto, ¿estaría todavía vivo mi hijo?

Solo una semana antes del primer aniversario del choque de Reid, yo iba al trabajo en auto. Escuchando las noticias de la mañana en la radio, oí que el gobernador de mi estado iba a formar una comisión especial para revisar las leyes para conductores adolescentes de Connecticut, con la esperanza de reducir las muertes en nuestras carreteras. Entre los invitados a participar en la comisión especial, estarían algunos padres que habían perdido a sus hijos. Cuando llegué a la oficina, llamé a mi senador, a mi representante, a un amigo que conocía al Comisionado de Vehículos Motorizados y a un colega que conocía al gobernador. Les pedí que me ayudaran a ser elegido y, una semana después, lo fui.

Nuestro trabajo fue revisar las leyes para conductores adolescentes del estado. Según avanzábamos, volví a recordar cómo había enseñado a Reid y cómo y cuándo había controlado su forma de conducir. Aprendí cosas nuevas sobre la conducción adolescente y descubrí que aunque supervisaba a mi hijo, como padre no había estado tan bien informado como yo creía.

A finales de la década de 1990, Connecticut se había sumado al número creciente de estados que estaban aprobando leyes de lo que se llama "licencia de conducir gradual" o leyes "GDL" por sus iniciales en inglés. Los conductores nuevos, generalmente entre los quince y dieciocho años de edad, debían seguir un currículum establecido y un requisito de cierto número de horas de conducir con un profesor, padre o guardián. Después de la fase del permiso de aprendizaje, las reglas GDL impiden que los conductores nuevos lleven pasajeros, normalmente durante varios meses, e imponen un toque de queda entre las horas de 9:00 PM y 1:00 AM. Al cumplir los 18 años, estos conductores se gradúan a las condiciones de una licencia de adulto sin restricciones. Sin embargo, más allá de estas condiciones básicas, las leyes varían mucho de un estado a otro.

Supe que Connecticut en los años 2005 y 2006 tenía una de las leyes menos estrictas de la nación, permitiendo a un adolescente obtener su licencia solo cuatro meses después de cumplir los dieciséis, con apenas veinte horas en la carretera y algunas horas de instrucción en el aula acerca del exceso de velocidad y conducir bajo la influencia del alcohol. Durante los primeros tres meses después de obtener su licencia, los adolescentes de Connecticut solo podían llevar como pasajeros a un conductor que los supervisara y a sus familias inmediatas, pero después de ese período, podrían llevar tantos amigos como quisieran en el auto. El toque de queda en todo el estado era medianoche.

Según me adentraba en la montaña de información que estaba disponible a los miembros de la comisión especial, recordé lo que había pensado cuando había permitido a Reid conducir. Mike, un amigo cercano a Reid, tenía algunos meses más que él y otro amigo, Tom, tenía un año más. A principios del 2006, los dos tenían licencias y autos. En enero, Reid había completado la instrucción de su permiso de aprendizaje y recibió su licencia. Igual que prácticamente todos los demás padres de nuestra ciudad suburbana, mi esposa Ellen y yo decidimos que permitiríamos a Reid comprar un auto usado.

Lo llevé a hacer prácticas por caminos de poco tránsito. Repasé la lista de destrezas y situaciones que deben aprender los conductores nuevos, y dedicamos un tiempo a cada uno. Practicamos maniobras evasivas en una playa de estacionamiento vacía los domingos por la mañana muy temprano. Mientras tomaba las clases de manejar, Reid demostró ser un conductor con buena coordinación que se mantenía alerta.

Me resultaba reconfortante que nuestro estado hubiera adoptado los requisitos de GDL. Di por supuesto que el gobierno, el Departamento de Vehículos Motorizados y la policía se habían puesto de acuerdo para formular reglas sensatas que, de ser seguidas, mantendrían seguro a Reid.

Finalmente, no puedo negar que, como cualquier padre ocupado, el hecho de que nuestro hijo condujera resultaba muy cómodo para Ellen y para mí, ya que vivimos en una comunidad suburbana donde normalmente no se puede ir a muchos lugares a pie. Que Reid tuviera su licencia de conducir significaba un servicio adicional de recogida y entrega.

Ellen y yo formulamos nuestras propias reglas, aparte de las requeridas por la ley estatal. Teníamos que saber adónde iba y dónde estaba Reid en cada momento. Como todos sus amigos, tenía un celular y lo obligábamos a informarnos de su paradero. Dejamos claro en repetidas ocasiones que conducir era un privilegio y no un derecho. Nuestras reglas podrían ser modificadas según las necesidades y las circunstancias, como por ejemplo, si pensábamos que no había dormido lo suficiente. Reid entendió que, al llegar a casa, yo lo estaría esperando para hacer mi propio interrogatorio y para asegurarme de que estaba coherente y sobrio. En las pocas ocasiones en que llegó más tarde de la hora asignada, le confisqué las llaves. Aunque no recuerdo haberlo hablado directamente con Reid, creo que también entendió que yo inspeccionaba regularmente cada rincón de su auto, igual que de su habitación, y que vigilaba su millaje.

Según le iba dando más libertad a Reid —tiempos más largos en el auto solo, distancias más largas, manejar de noche o en mal tiempo— volví a vivir mi propia experiencia como conductor y me pregunté si podría haber transmitido, sin querer, alguna mala costumbre a mi hijo. Para mi alivio, comprobé que continuaba manejando con calma y buena coordinación y que tenía un buen sentido de la posición del vehículo en la carretera. No tener noticias se convirtió en una buena noticia.

En abril, cuando Reid llevaba tres meses conduciendo, la policía lo detuvo por una infracción de tránsito: cruzar de un carril a otro sin señalar. Según Reid, la infracción era cuestionable. La multa fue de $204, que Reid pagó con sus propios ahorros.

Según avanzaba el verano, comencé a preocuparme de que Reid aceleraba demasiado el motor. Por lo visto era la única forma en que podía conseguir que su auto usado pareciera más atractivo. No estaba alarmado, pero sí me preocupaba que pudiera acelerar el motor mientras estaba en la carretera y acabar con otra multa cara. A finales de septiembre, recibió una citación por conducir a 42 mph en una zona de 25 mph. Ya que era su segunda infracción de tránsito antes de cumplir los dieciocho, no solo lo multaron sino que lo obligaron a asistir a una clase de perfeccionamiento en el Departamento de Vehículos Motorizados. Se inscribió para el último día posible: el 2 de diciembre.

Supongo que en mi subconsciente yo me daba cuenta de que a los conductores adolescentes les falta experiencia y madurez mental. Sin embargo, no conocía a ninguna familia que hubiera perdido a un conductor adolescente en un choque. Yo había sobrevivido mis años adolescentes. Además, conocía a mi hijo, yo lo había entrenado y di por supuesto que las leyes del estado garantizarían su seguridad.

Pero eso no fue lo que pasó. Reid murió seis horas antes de la hora en la que tenía que asistir a la clase de perfeccionamiento del Departamento de Vehículos Motorizados.

En los dos primeros meses en que serví en la comisión especial, repasé un montón de estadísticas, análisis e informes y me di cuenta de que conducir era mucho más peligroso para los adolescentes de lo que yo, como padre, había creído. También me di cuenta de que las leyes GDL de Connecticut eran bastante menos severas de lo que yo pensaba. Había permitido que Reid condujera en circunstancias que eran mucho más peligrosas de lo que yo imaginaba.

Además de la investigación, las reuniones de subcomités y las sesiones de la comisión, conocí a policías, psicólogos, doctores, enfermeros, fiscales, jueces, directores de escuelas, profesores de manejo, trabajadores sociales, oficiales de seguridad vial y otros padres que habían perdido a sus hijos, y mantuve conversaciones prolongadas con ellos. Según leía y escuchaba datos y propuestas para mejorar las leyes, una pregunta se me metió en la cabeza y se repetía semana tras semana, cada vez un poco más alta y más llena de incredulidad: *¿por qué no había sabido todo esto antes?* Por un lado, pensaba: *¿por qué no me lo contó nadie?* Y por otro, me preguntaba a mí mismo: *¿por qué no me informé mejor?* ¿Por qué no había sido más conservador en las decisiones que tomé con respecto a Reid? ¿Era simplemente porque, como tantos otros padres, me había seducido la idea de tener otro conductor en casa?

Durante los seis primeros meses del 2008, la comisión se convirtió casi en una obsesión para mí. Viajamos a escuelas secundarias de todo el estado y salimos en la televisión estatal. Fui entrevistado por la emisora de radio WCBS acerca de mi reeducación.

En solo cuatro meses, con una rapidez excepcional en el mundo de la política pública, la comisión especial hizo sus recomendaciones, el gobernador las respaldó y el gobierno aprobó unas reglas más estrictas para los conductores de dieciséis y diecisiete años: dobló el número de horas requeridas durante la fase de permiso de aprendizaje; adelantó el toque de queda de medianoche a las 11:00 PM; prohibió que los adolescentes transportaran a personas que no fueran sus padres, guardianes y hermanos hasta que tuvieran la licencia un año entero; impuso suspensiones de licencia de un mínimo de 30 días por las infracciones de tránsito (en lugar de solo multas de dinero); ofreció procesos judiciales más rápidos y sesiones de perfeccionamiento para los conductores; requirió que un padre o guardián asistiera a una clase de dos horas sobre seguridad con cada adolescente mientras este aprendía a manejar; exigió que todos los pasajeros de los conductores adolescentes llevaran cinturones de seguridad; y permitió que las autoridades confiscaran la licencia y el auto de un adolescente durante 48 horas si la situación lo justificaba.

Una vez que el gobernador hubiera firmado la ley delante de un montón de cámaras de televisión y un grupo de legisladores en el patio soleado de una escuela secundaria, me puse a pensar en qué diferencia habrían supuesto estas nuevas leyes en la vida de mi hijo. Si la ley del 2008 hubiera estado en vigor en el 2006, Reid habría tenido el doble de horas de instrucción en la carretera; Ellen o yo habríamos asistido a una clase sobre seguridad mientras Reid tenía su permiso de aprendizaje; su primera infracción de tránsito (la del cambio de carril) le habría merecido una suspensión de licencia de 30 días; su segunda infracción le habría costado la suspensión de la licencia durante 60 días, además de una multa por la restitución de la licencia; habría tenido que tomar la clase de perfeccionamiento más pronto; y no se le habría permitido que llevara los pasajeros que llevaba cuando chocó. Las nuevas leyes habían llegado demasiado tarde para él, pero no dejaban de ser un avance importante.

Cuando pude procesar toda esta información, no me quedó la menor duda de que tenía que encontrar la forma de comunicar lo que había aprendido a otros padres. Era innegable que yo no había entendido completamente lo peligroso que es que los adolescentes conduzcan en las mejores circunstancias, ni cómo se multiplican los riesgos en una serie de situaciones previsibles y, por tanto, controlables. Después de leer todas las publicaciones disponibles y consultar las fuentes más conocidas, comencé a pensar que los padres necesitaban mejor información.

Y, así, en octubre del 2009, empecé a expresarme públicamente con el lanzamiento de "From Reid's Dad", mi blog nacional dirigido a los padres de conductores adolescentes. Dieciocho meses y cincuenta artículos más tarde, tenía la base para este libro.

Por qué ningún adolescente conduce de forma segura

En el 2009, el *Wall Street Journal* empezó a publicar una serie de columnas de consejos personales escritos conjuntamente por su jefe de redacción en San Francisco, Steve Yoder, y su hijo adolescente, Isaac. En sus columnas, Steve ofrecía consejos a Isaac acerca de cómo tener éxito en la universidad, mientras que Isaac aconsejaba a su hermano menor para que le fuera bien en la escuela secundaria. En una carta, Isaac decía a su hermano: "Consigue tu licencia de conducir pronto y utilízala. Te ayudará a ampliar tus fronteras y te dará más libertad".

Es difícil refutar este consejo. Conseguir una licencia de conducir es un paso fundamental para pasar de la niñez al comienzo de la edad adulta. Permite a los adolescentes llegar solos a la escuela, a sus actividades extracurriculares, conseguir y mantener un trabajo, explorar lugares nuevos, ampliar los conocimientos de geografía y adquirir nuevas perspectivas acerca de dónde y cómo vive y trabaja la gente.

Aunque no puedo saberlo con seguridad, supongo que Isaac no tuvo contratiempos a la hora de obtener su licencia y que fue una fuente de orgullo para sus padres y probablemente una ayuda para una familia con un hijo menor que necesitaba transporte de manera habitual.

Pero, si es cierto que obtener la licencia de conducir tiene tantos atractivos y ventajas para un adolescente, ¿por qué me da escalofríos el consejo que Isaac dio a su hermano menor?

La respuesta es que, desgraciadamente, ningún adolescente es un conductor seguro. Aunque obtener la licencia "pronto" crea oportunidades educativas, laborales y de exploración, también aumenta el riesgo de un choque que pueda resultar en la invalidez o incluso la muerte.

¿Por qué están en peligro todos los adolescentes, incluidos los más sensatos, bien entrenados y conscientes de los riesgos? Existen cuatro razones:

- el cerebro humano no termina de desarrollarse hasta que tenemos unos veinticinco años, y la parte del cerebro que madura más tarde es la corteza prefrontal, la parte que nos aporta juicio y control para contrarrestar la otra parte, ya desarrollada, que crea deseo, excitación y comportamientos de alto riesgo;
- conducir requiere una evaluación continua de cientos de factores y circunstancias que cambian constantemente, por lo que dicen los expertos que se necesitan tres a cinco *años* de experiencia para familiarizarse y sentirse cómodos con las diferentes situaciones que afrontan los conductores, y no las veinte a cien *horas* que la mayoría de los estados requiere para que un adolescente obtenga la licencia;
- los nuevos conductores generalmente miran el perímetro de su auto y se preocupan por no chocar contra algo, en lugar de mirar más lejos en la carretera donde podrían ver posibles situaciones de peligro;
- los adolescentes aprenden a conducir en caminos locales y familiares, pero luego invariablemente conducen por carreteras en lugares desconocidos, y en ese caso deben aprender a conducir y navegar a la vez.

Por tanto, los conductores adolescentes, por bien intencionados y dignos de confianzas que sean, por más que conozcan las reglas de conducción segura y sepan cómo operar un vehículo de forma segura, *no tienen y no pueden conseguir* los elementos necesarios para ser conductores seguros: un cerebro que percibe y responde rápidamente y con exactitud a los riesgos y peligros; buen juicio para saber enfrentar situaciones que cambian rápida y constantemente; confianza para mirar hacia adelante en la carretera en lugar de fijarse en el perímetro del auto; la experiencia necesaria para pensar en cuáles serán las próximas maniobras del auto en lugar de cómo ejecutarlas; y suficiente tiempo detrás del volante como para que la mayor parte de las veces se conduzca un vehículo conocido en una carretera conocida. Estas características toman bastante tiempo, que no es posible acortar ni acelerar.

El desarrollo tan lento del cerebro es la característica más problemática. Sencillamente, el cerebro adolescente está limitado, tanto física como mentalmente. La corteza prefrontal, que da la conectividad (o sea, el cableado), que permite la organización, la planificación, la interpretación y la inhibición, es la última parte del cerebro en desarrollarse. Generalmente, completa su desarrollo alrededor de los veinticinco años. El lóbulo que genera la emoción se desarrolla mucho más temprano, lo cual explica por qué los adolescentes reaccionan más desde la emoción que desde el sentido común.

Este fenómeno también resulta de la producción por parte del cerebro de unas sustancias químicas que se llaman neurotransmisores. Una sustancia llamada dopamina estimula la necesidad y el deseo de emoción, mientras que otra, la serotonina, valora los riesgos y da pie a acciones defensivas. En el cerebro de un adolescente, la dopamina es más fuerte que la serotonina. Según la explicación de cierto médico, la dopamina es "el acelerador", mientras que la serotonina son "los frenos". Por tanto, mentalmente, los adolescentes están más dispuestos a acelerar que a frenar.

Si lo aplicamos a la conducción, esta realidad gemela significa que los conductores adolescentes no reconocen los peligros ni son capaces de evaluar los riesgos o los peligros de maniobrar el auto en una situación de circulación compleja. Por esta razón, sus reacciones a menudo llegan demasiado tarde y sus decisiones no son las adecuadas. Solo la conclusión del desarrollo físico del cerebro y el equilibrio de las proporciones químicas pueden superar este obstáculo a la conducción segura.

Es importante notar que "seguro" es un término relativo. Conducir siempre conlleva riesgos. Sin embargo, los conductores entre las edades de treinta y cinco y cuarenta y nueve tienen el índice de choques más bajo. Sus cerebros están completamente desarrollados, su combinación de experiencia y buenos reflejos son los mejores de cualquier grupo de conductores, y son los que tienen más razones, tanto personales como profesionales, para conducir de forma segura. Sin embargo, estos conductores son *más seguros*, pero no seguros. Los conductores adolescentes tienen un nivel de riesgo considerablemente *más alto*.

Así que, es cierto que una licencia de conducir puede ayudar a un adolescente a la hora de ir a la escuela, a un trabajo o a conocer mejor el mundo. Sin embargo, estas ventajas no deben distraernos ni cegarnos, pues el hecho es que los riesgos que corren los adolescentes cuando manejan son importantes. Y esto es muy difícil de cambiar a no ser a través de años de crecimiento físico, madurez emocional y mucha más experiencia de la que las leyes estatales normalmente requieren para que un adolescente obtenga su licencia.

Peligros básicos y factores de riesgo más graves

John Rosemond, el columnista que da consejos para padres, una vez hizo la siguiente pregunta a los padres de adolescentes: ¿permitiría a su hijo o hija participar en una actividad con una probabilidad de muerte de una en 10,000? Sin excepción, los padres respondieron que no.

A continuación Rosemond reveló que la actividad de la que hablaba era conducir.

El gobierno, las compañías de seguros y los analistas y defensores de la seguridad vial han recopilado montones de datos acerca de la conducción. Los números en sus informes varían ligeramente, pero si redondeamos las cifras hay aproximadamente trece millones de conductores adolescentes (de entre quince y veinte años) en Estados Unidos. En años recientes (2006-2010), han muerto unos 3,000 conductores adolescentes, mientras que 200,000 han resultado heridos cada año en choques. Estas cifras equivalen aproximadamente a una probabilidad de muerte de 1/4,300 y de 1/65 de una herida grave para los conductores adolescentes.

Como insinuó Mark Twain cuando escribió sobre "mentiras, malditas mentiras y estadísticas", estos promedios son engañosos. Como dice el dicho, si tengo un pie en un cubo de hielo y el otro en un lecho de brasas, como promedio estoy cómodo, pero eso no refleja bien la situación. Si lo aplicamos a la conducción adolescente, esos cálculos promedios esconden el hecho de que incluso los adolescentes mejor entrenados y obedientes corren riesgos (tal vez Rosemond dijo una en 10,000 para representar a los conductores adolescentes más cuidadosos). Además, hay ciertos comportamientos al volante que elevan los riesgos mucho más allá de estos promedios, que ya de por sí asustan.

Cuando conducen los adolescentes, siempre existen lo que los expertos llaman "peligros básicos". Como se señaló antes, los cerebros de los adolescentes no valoran plenamente los riesgos y el peligro, y además les falta la experiencia y el buen juicio que son esenciales a la hora de manejar. Manejar de forma segura es algo que toma años, y los conductores nuevos aprenden simultáneamente a conducir, navegar y ampliar su visión en la carretera. Por tanto, si preparáramos una escala de seguridad para los conductores adolescentes y asignáramos una etiqueta a cada nivel, el más bajo, o más seguro, no sería "seguro", sino "en riesgo".

La cuestión es que, para los adolescentes, los peligros empiezan con "en riesgo" y van en aumento. Es imposible clasificar los factores que elevan los riesgos o asignarles un total de puntos porque cada factor tiene sus propias variaciones y niveles; por ejemplo, la velocidad y el nivel de alcohol en sangre. En todo caso, tenemos algunas aproximaciones, como un estudio reciente que concluye que los conductores (de cualquier edad) que envían mensajes de texto tienen veintitrés veces más probabilidades de chocar que los que no lo hacen. Estos son algunos de los factores que causan variaciones:

- drogas, alcohol y cualquier cosa que afecte los reflejos y el juicio;

- conducir distraído (mensajes de texto, teléfono celular, iPods y otros aparatos electrónicos);
- exceder el límite de velocidad;
- llevar pasajeros;
- no usar los cinturones de seguridad;
- mal tiempo;
- conducir de noche;
- impulsividad y comportamiento agresivo;
- trastorno por déficit de atención u otro trastorno similar; y
- fatiga.

Con estos factores, los promedios mencionados prácticamente no tienen sentido. Si el conductor adolescente más seguro está en riesgo y un conductor adolescente corriente tiene una probabilidad de morir al volante de una en 4,300, estos factores aumentan las probabilidades aún más, haciendo más probable que ocurra un choque grave. Y si un conductor adolescente combina varios de estos factores; por ejemplo, si excede el límite de velocidad y lleva pasajeros, o si está usando un celular y ha tomado alcohol, estos promedios tienen incluso menos sentido y la probabilidad de un choque severo aumenta aún más: alcohol y mensajes de texto, velocidad excesiva y pasajeros, uso de drogas y no uso de cinturón de seguridad, etc.

Los adolescentes que tienen trastorno por déficit de atención o trastorno por déficit de atención con hiperactividad requieren un nivel más alto de supervisión. El hecho de distraerse fácilmente, la incapacidad para concentrarse durante periodos largos de tiempo y una tendencia elevada a correr riesgos son factores que obviamente están reñidos con conducir de forma segura. Algunos adolescentes pueden controlar los comportamientos típicos de estos trastornos con medicación y, por tanto, es esencial que estos adolescentes tomen la dosis correcta a la hora indicada antes de conducir. Sin embargo, los adolescentes que tienen síntomas más severos no deberían conducir en absoluto.

Volviendo al señor Rosemond, usted debe tener en cuenta y explicar a sus hijos adolescentes que, según el promedio estadístico, las probabilidades de que tengan un choque grave son bastante altas para empezar, pero que existen comportamientos y elecciones que pueden transformar el riesgo promedio de un choque casi en una certeza.

Los peligros básicos también tienen un elemento estacional: *durante los meses de verano muere el doble de adolescentes en las carreteras que durante el resto del año.* Los informes de la agencia de seguridad vial de los últimos años hablan de estos terribles datos estadísticos:

- entre mayo y agosto, el promedio de muertes de conductores adolescentes en las carreteras es de casi dieciséis al día, mientras que en los otros ocho meses del año no llega a nueve al día;
- seis de los siete días más mortíferos del año están entre los meses de mayo y agosto; y
- el día más mortífero del año, que suele tener lugar a finales de mayo (en plena temporada de bailes de graduación), el número promedio de muertes (veinticinco) es tres veces más alto que en el día menos mortífero (ya que no podemos decir "más seguro"), en el que solo hay unas ocho.

No es difícil averiguar por qué hay más muertes en los meses de verano. Se trata simplemente de la diferencia entre conducción seria y conducción recreativa, como se explica en el capítulo 10. Cuando los adolescentes tienen un destino, una ruta, un horario y alguna consecuencia por no llegar a la hora, es mucho más probable que lleguen sanos y salvos que cuando están conduciendo por placer. Y seguro que no es difícil de adivinar qué pasa durante los meses de finales de primavera y verano. Cuando se va a un baile, a pasar el día en la playa, a un centro comercial, al cine o a un concierto, se conduce de forma recreativa porque no hay ninguna consecuencia si se llega tarde.

Los pasos que deben tomar los padres para supervisar a sus conductores adolescentes, y que se describen en este libro, siempre son necesarios, pero más que nunca entre los meses de mayo y agosto.

"¡*Mi* hijo/hija es muy responsable!"

A principios del 2008, cuando la comisión especial en la que trabajé decidió evaluar requisitos más estrictos para la licencia de conducir gradual (GDL por sus iniciales en inglés), comenzaron a llegar montones de correos electrónicos, tanto de padres como de estudiantes, al sitio web que había creado el Departamento de Vehículos Motorizados. Aunque muchos padres se expresaron a favor de las leyes más estrictas, otros estaban en contra y algunos estaban indignados. Comencé a darme cuenta de que estos padres, por definición, eran los que habían sobrevivido los años en los que ellos fueron conductores adolescentes, y algunos se basaban en este hecho para formar su opinión de cómo debían ser las leyes de su estado. Estas fueron algunas de las objeciones que formularon:

> No quiero que a mis hijos se les castigue con restricciones graves solamente porque sean adolescentes.

> Los padres deberían poder elegir si quieren que el nuevo conductor de la familia lleve pasajeros. Un pasajero ayuda al conductor porque cuatro ojos ven más que dos.
>
> Aunque la intención es reducir el número de accidentes horribles que dejan muertos o mutilados a muchos adolescentes, el hecho es que los jóvenes deben poder tener su propio transporte y estas leyes causarían un gran inconveniente.
>
> Si los adolescentes no pudieran llevar pasajeros, estarían obligados a conducir solos, lo cual es un desperdicio de gasolina y dinero, además de aumentar el número de autos en la carretera, empeorando la calidad del aire.
>
> Los adolescentes tienen vidas muy ajetreadas.
>
> El hecho es que nuestros hijos tienen que crecer, y para hacerlo deben cometer errores. Algunos de esos errores podrían ser mortales.

Francamente, estos correos electrónicos ayudaron a convencer a los miembros de la comisión de que hacían falta leyes más severas.

Más recientemente, he visto una carta a un periódico que decía lo siguiente:

> Si nuestro país fuera tan pequeño como lo son la mayoría de los países europeos, podría ser más razonable hacer que los jóvenes esperen hasta los 18 años para obtener su licencia de conducir. En Europa el transporte público es mejor. Pero suponer que los padres tengan que llevar y traer a sus queridos niños de la escuela al trabajo y luego a todas sus actividades sociales no es razonable.

¿Está usted de acuerdo con esto? ¿La actitud de este padre es parecida a su propia forma de pensar? Espero que no. El autor de la carta no parece saber que si la edad mínima para conducir se basara en la ciencia del desarrollo cerebral en lugar de en la tradición y los intereses de los padres, la edad de comenzar a conducir sería entre los veintiuno y los veinticinco, y no entre los dieciséis y los dieciocho. El que escribió la carta también da prioridad a la comodidad sobre la seguridad; sus palabras muestran mucha impaciencia con los adolescentes que no consiguen sus licencias, porque es una molestia para los padres. Lo que está insinuando es que deberíamos estar dispuestos a obligar a un adolescente que no está listo para conducir a aprender porque "es hora de crecer".

A veces, la actitud defensiva de los padres puede impedir que supervisen adecuadamente a sus hijos. Algunos consideran que la forma de conducir de su adolescente es un reflejo de su propio comportamiento como padres. Si alguien sugiere que su adolescente no conduce bien, se lo toman como ofensa personal. Pensar que nuestro adolescente es más responsable que otros, porque nosotros mismos lo somos, puede impedir que pensemos con claridad acerca de cuál es la mejor forma de supervisar a nuestro hijo a la hora de conducir.

Como padres, hay varias cosas que no debemos hacer: no debemos permitir que nuestra conveniencia personal se anteponga a la seguridad. No debemos insensibilizarnos por culpa de la cultura popular y los medios de comunicación acerca de los peligros de conducir. No debemos engañarnos al pensar que un adolescente responsable que ha tomado clases de manejar y ha pasado el examen práctico de su estado es un conductor seguro. No debemos ser imprudentes ni indiferentes.

¿Qué actitudes debemos adoptar los padres?

- Debemos comprender y aceptar los peligros de la conducción adolescente como punto de partida.
- Debemos estar dispuestos a decir "no" a nuestros adolescentes, sobre todo en estas tres situaciones: (1) cuando ellos quieren sacar el permiso de aprendizaje pero nuestro corazón y nuestra cabeza nos dicen que aún no están listos; (2) cuando quieren pasar del permiso de aprendizaje a conducir solos y tenemos los mismos miedos; y (3) cuando nuestros adolescentes, después de obtener sus licencias, se encuentran en determinadas circunstancias, como en estado de fatiga o estrés, que nos aconsejan decir "*hoy* no se maneja".
- Cuando sea necesario, debemos usar nuestro poder como padres para no entregar las llaves a nuestros adolescentes.

- Debemos estar atentos cada día a las situaciones que se describen en este libro: conducir en serio en lugar de para divertirse; fijar y mantener las horas de llegada a casa; prohibir que se lleven pasajeros; prohibir el uso del celular; no comprar un auto solamente para el uso del adolescente; usar las sanciones de tráfico como herramienta de aprendizaje; firmar y ejecutar un acuerdo de conductor adolescente.
- Cuando tenemos dudas, debemos pecar de cautelosos. Sencillamente no hay margen de error cuando se trata de conductores adolescentes.
- Como padres de conductores adolescentes, debemos procurar trabajar juntos para que la seguridad sea la prioridad número uno.

Tal vez sea útil pensar en nuestro rol como padres de conductores adolescentes en la siguiente escala: indiferente, ignorante, informados pero no proactivos, dispuestos pero mal informados, informados y proactivos. Debemos esforzarnos por estar en esta última categoría.

Las cosas que *no* se enseñan en las clases de manejar

Cuando hablo de las clases de manejar, me refiero a todo tipo de instrucción para los conductores adolescentes, ya sea por parte de padres, guardianes, parientes u otros adultos, escuelas secundarias y escuelas de manejo privadas.

Los padres que se familiaricen con la gran cantidad de investigación llevada a cabo acerca de posibles maneras de reducir los índices de choques entre los conductores adolescentes se encontrarán con esta conclusión contradictoria: *hay muy pocos indicios de que las clases de manejar para adolescentes reduzcan los índices de choques entre los conductores adolescentes.* Las agencias federales de seguridad vial, los departamentos estatales de vehículos motorizados, las asociaciones de compañías de seguros y los institutos de transporte universitarios que han investigado esta cuestión han llegado a la misma conclusión.

Entonces, ¿significa esto que los padres están malgastando su dinero, y que los adolescentes están perdiendo su tiempo cuando se inscriben en las clases de manejar? Sin duda, la respuesta es que no, pero detrás de esta respuesta aparentemente contradictoria se esconde una realidad fundamental acerca de la seguridad en la conducción adolescente.

Obviamente, los adolescentes necesitan aprender las normas de tráfico y a operar un auto de forma segura, además de cómo aprobar los exámenes teóricos y prácticos de su estado para obtener su licencia. Sin duda, cuantas más horas pasen detrás del volante recibiendo instrucción supervisada, mejores conductores serán cuando comiencen a conducir solos. Las investigaciones y los datos de ninguna manera deben dar a entender que no debemos preparar a los conductores adolescentes antes de darles sus licencias.

Los problemas principales son que: (1) las clases de manejar no pueden cambiar las características que hacen que no puedan existir conductores adolescentes seguros (capítulo 2); y (2) un curso normal de manejar consiste en treinta a cuarenta y cinco horas de enseñanza en el aula y entre seis y veinte horas en la carretera, que es demasiado poco para poder bajar los índices de choques. Las clases de manejar son necesarias, pero no bastan para crear conductores seguros. (Un resultado de esta realidad es que las leyes estatales que permiten obtener la licencia antes a los adolescentes que tomen clases de manejar podrían confundir a los padres y hacerles creer que estas clases ofrecen ventajas en cuanto a seguridad).

Las investigaciones que demuestran que las clases de manejar no reducen el índice de choques entre adolescentes no significa que las escuelas privadas de manejo y otros programas no tengan valor. No obstante, queda claro que los padres no deben dar por supuesto que un adolescente que haya tomado clases de manejar y haya pasado sus exámenes sea un conductor seguro y con experiencia. *Un adolescente que apruebe un curso de formación para conductores y obtenga su licencia de conducir es un principiante.* Y los principiantes son los que tienen los índices más altos de choques. Una licencia de conducir es un permiso por parte del gobierno para comenzar a participar en una actividad peligrosa.

6

Introducción a la Licencia de Conducir Gradual

Es importante que los padres de conductores adolescentes conozcan los elementos básicos de las leyes de la licencia de conducir gradual (GDL por sus siglas en inglés). El hecho es que, tal como se ha demostrado a través de montones de investigación estadística en todo el país, estas leyes, cuyo objetivo es combatir los peligros básicos de la conducción adolescente, funcionan y cuanto más estricta es la ley, mejores son los resultados.

La idea fundamental del sistema GDL es que los conductores consigan su licencia en tres fases: una primera fase de permiso de aprendizaje, un periodo de restricciones sobre el manejo no supervisado y, por último, la licencia completa. Los componentes específicos de las leyes GDL son:

- una edad mínima específica en la cual un adolescente puede obtener un permiso de aprendizaje y después una licencia;

- un requisito de cierto número de horas de instrucción en la carretera que la persona que tiene el permiso de aprendizaje debe recibir de un instructor de manejo, padre, guardián o adulto supervisor antes de poder obtener la licencia (esto a menudo se llama el periodo de espera);
- restricciones en cuanto a los pasajeros que puede llevar el adolescente una vez que obtenga la licencia;
- un horario limitado (una hora para comenzar a manejar por la mañana y una hora límite por la noche) durante el cual los conductores adolescentes pueden estar en la carretera;
- reglas acerca del uso de aparatos electrónicos y el envío de mensajes de texto (que suelen ser más estrictas que las de los conductores mayores);
- reglas que se refieren a los cinturones de seguridad, como por ejemplo, exigir que todos los pasajeros tengan el cinturón abrochado cuando conduce un adolescente; y
- multas monetarias, suspensiones y revocaciones de licencias, o alguna combinación de los anteriores, para los infractores, ya sea por primera vez o para reincidentes.

Es importante darse cuenta de que cada estado establece sus propias leyes de vehículos motorizados, las cuales incluyen leyes para conductores adolescentes. Generalmente, el gobierno federal no interviene en este poder de los estados, con una excepción: la retención de fondos federales para la construcción y mantenimiento de carreteras para incentivar a los estados a seguir una norma mínima nacional, como, por ejemplo, establecer la edad mínima para comprar alcohol en los veintiún años, o hacer que los cinturones de seguridad sean obligatorios. Por tanto, en este momento, aunque el gobierno federal aprobó un programa en el 2012 que ofrece incentivos económicos a los estados que adopten leyes GDL que cumplan con unas normas mínimas específicas, no existen leyes GDL nacionales. Otro punto importante es que las leyes GDL varían bastante, pues algunos estados tienen unas normas mínimas y otros, aunque sean muy pocos (como Nueva Jersey) tienen requisitos estrictos en sus estatutos.

Existen varias organizaciones nacionales que monitorizan, comparan y evalúan de forma regular las leyes para conductores adolescentes. Una de ellas es Governors Highway Safety Association (Asociación de Gobernadores para la Seguridad Vial), www.ghsa.org (ver la sección "Survey of States" en su sitio web) y otra es Insurance Institute for Highway Safety (Instituto de Seguros para la Seguridad en las Carreteras), www.iihs.org. Los sitios web de los departamentos de vehículos motorizados de cada estado explican los requisitos legales de su estado. Los padres deben verificar cuán estrictas son las leyes GDL en su propio estado, pues cuanto más estrictas sean las leyes de un estado, más ayudan a los padres a la hora de controlar a su conductor adolescente. Por el contrario, si las leyes de su estado son menos estrictas, los padres tienen más responsabilidad a la hora de establecer sus propias reglas.

Las leyes GDL funcionan porque afectan directamente a las causas más comunes de los choques y las muertes adolescentes: retrasan la obtención de los permisos de aprendizaje y las licencias; establecen restricciones en cuanto a los pasajeros que los conductores adolescentes pueden llevar; requieren que los jóvenes aprendan acerca del manejo bajo los efectos de las drogas o el alcohol, los aparatos electrónicos y el envío de mensajes de texto; mantienen a los adolescentes fuera de las carreteras de madrugada; establecen reglas para el uso de los cinturones de seguridad; y establecen sanciones para las infracciones, o alguna combinación de los anteriores. Dicho de otra manera, estas leyes permiten a los adolescentes adquirir experiencia en la carretera bajo condiciones menos difíciles, de manera más supervisada y durante el día. Las investigaciones muestran que a medida que se adoptan y refuerzan los sistemas GDL, bajan los índices de choques, heridas y muertes.

Mientras servía en la comisión especial de mi estado, sin embargo, descubrí tres realidades políticas sobre las leyes GDL. Primero, los que más se oponen a que haya programas GDL más estrictos son los mismos padres, que ven a los conductores adolescentes desde el punto de vista de su propia comodidad, que tienen la actitud equivocada de que un adolescente que se porta bien nunca podría tener un choque con el auto o la idea errónea de que la mejor forma de ayudar a los adolescentes a madurar es dejarlos manejar. En segundo lugar, el cambio político normalmente ocurre poco a poco, por lo que es más fácil que los legisladores aprueben cambios pequeños o modestos en un año dado. Por tanto, los estados cuyos requisitos GDL, según las investigaciones actuales, están muy por debajo de las normas especificadas en el nuevo programa federal de incentivos económicos, seguramente tardarán años en conseguir que sus leyes para conductores adolescentes lleguen a un nivel mínimo aceptable. Finalmente (y esto puede sorprender a mucha gente), los políticos reaccionan cuando hay noticias. En mi estado, tuvieron que morir siete adolescentes en un periodo de tres meses en el 2007 para generar la indignación pública que instó a nuestro gobernador y a la legislatura a formar una comisión especial y reformar las leyes. Tristemente para los que están a favor de pasar leyes más estrictas para los conductores adolescentes, a menudo hace falta una tragedia para llamar la atención y crear apoyo público y voluntad política.

¿Cuándo debe comenzar a manejar un adolescente?

¿Cuál debería ser la edad mínima para que un adolescente pueda obtener su licencia: quince años, dieciséis, diecisiete, dieciocho o incluso más? Es una cuestión que los legisladores y los profesionales de la seguridad vial de todo el país llevan debatiendo durante años. Es importante reconocer, no obstante, que la pregunta en sí misma podría resultar engañosa para los padres.

Cuando los gobiernos estatales adoptan leyes para conductores adolescentes, establecen mínimos, lo que los abogados llaman "reglas inequívocas". Esto significa que, aunque la regla no sea buena política pública, al menos queda clara: por ejemplo, si la edad mínima es dieciséis años, y su adolescente tiene quince años y 364 días, no puede obtener su permiso de aprendizaje ni su licencia, pero si tiene dieciséis años y un día, sí puede. Dicho de otra forma, las leyes para conductores adolescentes dejan claro a los adultos y los adolescentes cuándo estos últimos pueden solicitar un permiso o una licencia; el certificado de nacimiento hace el resto.

Por tanto, cuando un estado fija una edad mínima, establece una sola regla para todos los adolescentes y sus familias. En la mayor parte de Estados Unidos, las leyes estatales permiten que los adolescentes obtengan su permiso de aprendizaje al cumplir los quince o dieciséis años, y una licencia para menores de edad provisional, con restricciones, unos meses después. Cuando la comisión especial en la que serví se reunió en el 2008 para revisar nuestras leyes, algunos sostenían que si la edad mínima se elevara hasta diecisiete o dieciocho, sería mucho más difícil que los padres enseñaran a sus hijos a conducir, ya que muchos dejan sus casas alrededor de los dieciocho años para ir a la universidad o trabajar. Por otra parte, Nueva Jersey ha establecido una edad mínima de diecisiete años para obtener la licencia, lo cual ha reducido los índices de choques y de mortalidad.

En todo caso, la pregunta de cuál debería ser la edad mínima de un estado es engañosa; *la pregunta correcta debería ser a qué edad deben permitir los padres que su adolescente conduzca, independientemente de lo que diga la ley estatal.* Algunos comentaristas lo llaman "la edad de la responsabilidad" para distinguirla de "la edad de la elegibilidad".

Los padres deben ser conscientes de que la edad mínima para conducir en cada estado depende de circunstancias políticas (los legisladores que tratan de ganar el apoyo y los votos de los padres); tradición (la edad mínima ha sido dieciséis años durante una generación); cultura (los americanos idealizan sus autos); y simplicidad (los gobiernos necesitan reglas que sean fáciles de aplicar). Pero en ningún caso las leyes de edad mínima para conducir están basadas en la ciencia del tráfico o en datos de seguridad vial que muestran que incluso algunos adolescentes pueden conducir de manera segura a la edad de dieciséis, diecisiete o dieciocho. De hecho, estas edades están directamente en *contra* de lo que la ciencia, los datos de choques y numerosos estudios sobre conductores adolescentes nos cuentan ahora. Si las leyes para conductores adolescentes siguieran la ciencia y los datos, la edad mínima para conducir sería entre los veintidós y los veinticinco años.

Por tanto, los padres no deben dejarse engañar: tal vez las leyes estatales dicen que su adolescente tiene edad suficiente para conducir, pero en su opinión, ¿está realmente listo para conducir de manera segura? Estos son los factores que debe tener en cuenta:

- valoración de riesgo (¿su adolescente es propenso a arriesgarse?);
- madurez emocional (¿podrá su adolescente soportar el estrés de conducir?);
- madurez física (¿su adolescente tiene suficiente coordinación para manejar un auto y fuerza para cambiar una llanta?); y
- miedo (¿los peligros de conducir dejarán abrumado a su adolescente?)

Todos los padres deberían hacer estas evaluaciones. Los que no lo hagan están esquivando una responsabilidad fundamental. En estos cálculos, hay dos factores que no tienen ninguna cabida: la comodidad de tener otro conductor en casa y la presión, ya sea de sus conocidos o de los amigos de su adolescente.

El hecho de que las leyes de su estado permitan a su adolescente obtener una licencia no significa que el estado haya comprobado que esa edad es segura para la mayoría de los adolescentes. Depende de usted evaluar la situación y decidir si su adolescente está listo para aprender a convertirse en un conductor responsable. Olvídese de la edad legal y fíjese en la edad de responsabilidad. Su estado tendrá sus leyes, *pero usted tiene un veto.*

Hay otra vuelta de tuerca en la cuestión de la edad mínima: algunos estudios muestran que cuando los estados adoptan leyes más estrictas para los adolescentes de dieciséis y diecisiete años, algunos adolescentes simplemente esperan a cumplir los dieciocho para obtener su licencia, pues así evitan las molestias de cumplir con las leyes para los de dieciséis y diecisiete años. Aunque los datos todavía no están claros, existe alguna evidencia de que los índices de choques entre los adolescentes de dieciocho y diecinueve años han aumentado como resultado. En todo caso, el factor decisivo para la seguridad de los nuevos conductores adolescentes no es la edad biológica sino el desarrollo del cerebro y la experiencia detrás del volante. La introducción gradual de privilegios para los conductores es más importante que basar las leyes en los cumpleaños. La cuestión de política pública, en este caso, es si conviene extender las leyes GDL más allá de los dieciocho años. Un puñado de estados ha establecido reglas que se extienden a estos conductores nuevos de más edad, pero sin duda regular la conducción entre los de dieciocho y diecinueve años es más complicado: a esa edad muchos se han ido de casa, ya sea por estudios o por trabajo; tienen más derechos legales y protecciones, entre ellas la privacidad; es más probable que necesiten un auto por razones económicas; y, además, pueden votar. Tal vez el mensaje principal aquí es que no ocurre nada mágico a los dieciocho años cuando se trata de conducir de forma segura. Lo cierto es que se trata de una edad significativa en nuestro sistema legal, pero no es una línea divisoria para medir la seguridad del conductor.

Aprenda a portarse como un controlador aéreo

A principios del 2011, salió en los medios nacionales una noticia sobre controladores aéreos que se quedaban dormidos en el trabajo. Podemos pensar en los conductores adolescentes como pilotos y los padres como controladores aéreos. En realidad, no está mal como analogía. Los padres deberían tratar cada posible salida en auto de su adolescente como si este fuera un piloto que quisiera volar un avión. Debemos obligar a los adolescentes a presentar un plan de vuelo y pedir permiso a la torre de control, o sea, los padres, antes de despegar.

Los elementos de este plan de vuelo deberían incluir todo lo que un piloto podría considerar esencial:

- Destino: ¿exactamente adónde vas? (Los pilotos no improvisan; necesitan precisión.)
- Ruta: ¿qué ruta vas a seguir para ir adonde vas y existe algún tipo de peligro asociado con alguna de ellas?

- Hora: ¿a qué hora saldrás y existe algún posible problema de seguridad con tu horario (por ejemplo, que tengas que conducir de noche)?
- Preparación: ¿tienes suficiente gasolina y está todo el equipo del auto en buen estado de mantenimiento y seguro?
- Plan de comunicación: ¿cuándo y cómo te comunicarás con tu guardián cuando llegues a tu destino y cuando estés a punto de volver, o para informar de algún problema o retraso?
- Pasajeros: ¿quién(es) irá(n) contigo, dónde se sentará(n) y qué harás para asegurarte de que no te distraigan?
- Plan de contingencia: ¿cuál será tu ruta alternativa si la ruta prevista está bloqueada o no disponible por la razón que sea?
- Viaje de vuelta: ¿tienes una hora fija para volver y la ruta, horario y lista de pasajeros para la vuelta (mismas consideraciones que en la primera etapa del viaje)?
- Estado mental: ¿estás bien descansado y alerta?
- General: ¿estás preparado para asumir esta responsabilidad?

Hasta que no se aclare cada uno de estos puntos de manera satisfactoria, su adolescente no debe recibir permiso para salir.

¿Suena ridículo? ¿Es exagerado? Si usted piensa así, con todos mis respetos le animo a que vuelva a considerar los peligros de conducir. Los riesgos de un vuelo con un piloto que no está preparado son muy similares a los que esperan a un conductor adolescente. El margen de error es muy pequeño y los riesgos son enormes.

Una ventaja importante de pensar en la ruta de un conductor adolescente como el vuelo de un piloto es que debería ayudarlos a usted y a su adolescente a darse cuenta de la diferencia entre conducir con un destino, un propósito y un horario, y conducir para divertirse (hablaremos más sobre esto en el capítulo 10). Los pilotos no vuelan para divertirse; es decir, no hacen un viaje en avión solo para juntarse con sus amigos. Incluso cuando se trata de un viaje recreativo, un piloto prepara un plan de vuelo y lo sigue.

Planear la ruta es especialmente importante, tanto para un piloto como para un adolescente. A los conductores nuevos no se les debería permitir que conduzcan por una ruta que el adulto supervisor no conozca. Los adultos supervisores deben considerar si hay algún lugar en esa ruta que podría ser peligroso, como una curva al final de una carretera recta; un carril izquierdo donde hay que incorporarse a tráfico intenso; un trozo de carretera con tres o cuatro carriles donde los conductores se cambian de carril constantemente para salir; lugares con poca visibilidad; rotondas desconocidas con varios puntos de entrada, etc. Los padres deben pedir a sus hijos que tomen rutas que eviten estos lugares más peligrosos, o al menos avisarles de lo que les espera en esos lugares.

¿Le parecerá menos necesaria esta rutina de controlador aéreo cuándo su adolescente haya "volado" ya cien veces y conozca bien los puntos de la lista? Sí. Cuando usted y su adolescente hayan pasado un año así, examinando cada viaje en auto con tanta atención que cada paso llegue a ser automático, ¿tendrá que seguir este mismo plan? Probablemente no. Llegará el momento en el que no será igual de crítico ser tan cauteloso y detallado como sugerimos más arriba. Pero las probabilidades de que su adolescente llegue a esta etapa más avanzada aumentarán considerablemente si usted trabaja con él o ella desde el principio para que cada situación sea como la de un piloto que se prepara para volar un avión y su vigilancia se parezca a la de un controlador aéreo certificado, ¡que además está despierto y trabajando en todo momento!

9

Cómo negociar y ejecutar un acuerdo de conductor adolescente

Un acuerdo de conductor adolescente (ACA) es un acuerdo por escrito y firmado entre un conductor adolescente y sus padres o guardianes. En él, se reconocen los riesgos y peligros de conducir, se exponen reglas claras acerca de cómo debe ser la conducta del conductor adolescente durante un periodo definido de tiempo una vez obtenida su licencia, y se establecen las consecuencias en caso de que estas reglas se rompan. Uno de los propósitos principales de hacer un ACA es promover que padres y adolescentes hablen detalladamente, con calma y con franqueza acerca de cuándo y cómo el adolescente recibirá permiso para conducir y las consecuencias de posibles conductas indebidas *antes* de que el adolescente se ponga al volante, y no después de un choque, infracción u otra falta.

Un ACA no es:

- un acuerdo jurídicamente vinculante que el padre/guardián podría hacer valer ante los tribunales;
- un sustituto de la formación del conductor en la carretera;

- motivo para permitir que un adolescente que aún no está listo para conducir de forma segura se ponga al volante;
- razón para que un padre o guardián sea menos vigilante;
- una forma de defenderse si el padre es demandado.

Es importante comprender que un ACA no es un documento legal. Esta distinción no resta importancia al hecho de firmar un acuerdo de este tipo, pero todos deben tener claro qué es y qué no es.

En Internet, encontrará varios acuerdos de este tipo, entre ellos el de la compañía de seguros Allstate Insurance (www.allstateteendriver .com). Allstate es pionera en este tipo de acuerdos y los ha fomentado mucho a través de su campaña de publicidad nacional, para la cual pusieron anuncios de página completa en los periódicos principales. Además, la mayoría de las compañías de seguros más importantes tienen su propio modelo, y los puede encontrar también en los sitios web de los departamentos de vehículos motorizados de casi todos los estados. Asimismo, existen varios sitios web privados que venden modelos de muchos tipos de acuerdos entre padres y adolescentes (entre ellos los de conducir) por unos $20 cada uno. (Personalmente, no entiendo por qué alguien pagaría por uno de estos documentos, teniendo tantos gratuitos a su disposición.)

He revisado docenas de acuerdos en Internet, y les aconsejo que tengan cuidado con los modelos que incluyan estas características:

- lenguaje tan escueto que no reconoce ni aborda el tema de los considerables riesgos y peligros de la conducción adolescente;
- falta de mención de los estudios recientes acerca de cómo el cerebro adolescente subestima los riesgos, y los grandes peligros que implica el envío de mensajes de texto y los aparatos electrónicos en general;
- lenguaje que trata de dar la impresión de que se trata de un documento legal y vinculante, pero solo consigue confundir ("Por una parte *X*, denominado en lo sucesivo 'el Conductor Adolescente' . . .");
- páginas iniciales con instrucciones, categorías de infracciones y notas "especiales" que permiten grandes excepciones;

- expresión poco clara o imprecisa de las consecuencias ("si hago *x-y-z*, *podría* perder mi licencia durante *unos* días . . .");
- ausencia de un tiempo de duración definido o la intención de renegociar poco tiempo después de firmar;
- estipulaciones que van en contra de los estudios publicados, como, por ejemplo, los que solo prohíben los pasajeros "de noche" (existen numerosos estudios que muestran que los pasajeros aumentan los riesgos a cualquier hora del día, y una de las horas menos seguras del día es justo cuando acaban las escuelas); e
- inclusión de asuntos que no tienen que ver con la conducción, como las tareas escolares, notas, asignación, "responsabilidades vitales", tareas en casa, respeto hacia los padres, armas de fuego, prestar el auto a otro conductor, etc.

Firmar un ACA no debería distraer nunca a los padres de la cuestión fundamental de si un adolescente está listo para obtener su licencia o si es buena idea que se ponga detrás del volante en ciertas circunstancias. Un ACA es un acuerdo inicial acerca de la conducta al volante, pero no debe permitir que conduzca un adolescente que no esté listo.

Existen varios elementos claves a la hora de negociar un ACA efectivo:

Objetivos mutuos. En su libro clásico *Getting to Yes*, Roger Fisher y William Ury aconsejan que en la negociación de cualquier acuerdo se debe tratar de conseguir un objetivo mutuo, intereses en lugar de posiciones y "separar a las personas del problema". Para un ACA, esto significa que debemos comenzar con la mentalidad de que el objetivo final y mutuo es la seguridad del conductor, sus pasajeros y todos los que comparten la carretera con el adolescente. Un ACA debe ser un proceso de cooperación que termina en el éxito, no en la victoria.

La necesidad de ceder. Cuando presente la idea de hacer un ACA a su adolescente y lo comience a negociar, surgirán fuerzas opuestas. Como padre, o sea, la persona que tiene las llaves y por tanto el poder, usted debe dejar claro a su adolescente que negociar y firmar el acuerdo es una condición no negociable si quiere que se le permita manejar. Pero también debe demostrarle que está dispuesto a ser razonable, a escucharlo y tener en cuenta sus puntos de vista siempre que sea posible. En otras palabras, es más probable que se respete un acuerdo si ambas partes están dispuestas a ceder en algo importante. Una definición común de un mutuo acuerdo es un trato que a nadie le gusta pero que todos aceptan que es lo mejor que se puede conseguir. Por tanto, como padre, debe insistir en que se firme un acuerdo, pero no en establecer todas las condiciones. Y recuerde que una parte importante de un ACA es el hecho mismo de hablar de cuestiones de seguridad con su adolescente.

La necesidad de personalizar. Cada familia y cada adolescente viven circunstancias diferentes. Si los padres están divorciados, o un guardián está a cargo de la conducta del adolescente, la negociación podría ser más difícil que si los dos padres están presentes, informados y completamente implicados en el proceso. Si el adolescente tiene un trabajo que lo obliga a conducir, esto también habrá que tenerlo en cuenta. Las reglas y las excepciones también variarán dependiendo de si la familia vive en una zona rural, suburbana o urbana, y según las circunstancias económicas de la familia.

Motivación. Cuando explique a su adolescente por qué es esencial firmar un acuerdo, debería mencionar, como mínimo, estas razones:

- conducir puede causar lesiones, la muerte, daños y responsabilidad económica, e incluso puede resultar en una condena penal;
- aunque el gobierno estatal permita conducir a los adolescentes antes de cumplir los dieciocho años, los padres siguen siendo responsables legal y económicamente cuando estos adolescentes conducen;
- una lista de los castigos por conductas indebidas sirve para disuadir; y
- es mejor decidir cuáles serán las consecuencias por la mala conducción antes de que el adolescente comience a conducir, en lugar de esperar a después de un choque o una sanción.

Principios y hechos. Un ACA debería comenzar con una lista de datos y principios con los que ambas partes están de acuerdo, entre ellos, las razones por las cuales es peligroso que un adolescente conduzca, y el motivo por el cual el adolescente y los padres firman el acuerdo. Además, es importante mencionar que cada adulto supervisor debe ser un conductor que sirva de modelo.

Cuándo negociar y firmar. Mi recomendación es que se negocie y se firme el acuerdo cuando el adolescente obtenga su permiso de aprendizaje. Así, tanto el adolescente como los adultos supervisores pueden tener en cuenta los contenidos del acuerdo según el adolescente vaya aprendiendo a manejar. Después, revíselo, modifíquelo si es necesario y finalícelo cuando el adolescente obtenga su licencia de conducir.

Duración del acuerdo. La mayoría de los acuerdos modelo disponibles en Internet no mencionan la duración del acuerdo y suelen basarse en la suposición de que el acuerdo dura hasta que el conductor cumple los dieciocho años, cuando la mayoría de los estados levanta las restricciones sobre cuestiones como pasajeros y toques de queda. Por el contrario, algunos modelos tratan al acuerdo inicial como algo que debe renegociarse periódicamente. El acuerdo debe durar como mínimo un año desde el momento en que el adolescente se convierte en conductor con licencia (o sea, que esté autorizado a conducir solo) o hasta que el adolescente cumpla los dieciocho años (el que sea más largo) y no debe admitir renegociaciones. Por tanto, si el adolescente recibe la licencia mientras tenga diecisiete años, el acuerdo debe respetarse durante un año entero, aunque ya haya cumplido los dieciocho. El adolescente debe entender que el acuerdo se modificará solamente si cambian las leyes estatales o si pasa algo que cambie drásticamente la vida de la familia o del adolescente (el divorcio o separación de los padres, una mudanza a otro lugar, una lesión o incapacidad, cambio en las circunstancias económicas, etc.).

Compatibilidad con la ley estatal. Cada una de las estipulaciones deben ser compatibles o incluso más estrictas que la ley estatal. Por tanto, si el toque de queda estatal es a las 11:00 PM, el acuerdo debe fijar una hora más temprana, pero no más tardía.

Apoyo a la ley estatal. Supongamos que el adolescente recibe una sanción y una condena que acabará en una suspensión de su licencia por parte del departamento de vehículos motorizados de su estado.

¿Debería aceptar la suspensión en su acuerdo, *además* de la sanción que impone el estado? Yo creo que sí. Primero, la policía y las agencias estatales pueden tardar semanas o meses en procesar la suspensión de una licencia; solamente los padres pueden aplicar la suspensión cuando más falta hace, o sea, inmediatamente. Segundo, el adolescente debe comprender que los padres/familias y la policía/gobierno estatal tienen diferentes intereses cuando se trata de la seguridad para conductores adolescentes, todas las cuales son importantes. Para que sirva de elemento disuasorio, el adolescente debe entender que una infracción puede resultar en dos suspensiones.

"Suspensión", no "consecuencia": Muchos acuerdos disponibles en Internet usan la palabra "consecuencia" para describir qué pasará si hay una infracción, pero esta palabra se usa tanto con los niños pequeños que yo creo que es mejor "suspensión". Esta palabra también refuerza la idea de que conducir es un privilegio, no un derecho.

¿Castigado sin conducir o sin conducir solo? Una de las decisiones más importantes es si el adolescente perderá sus privilegios de conducir solo, o si no se le permitirá conducir en absoluto. En otras palabras, ¿la consecuencia será que el adolescente pueda conducir pero solo si hay un padre o guardián en el auto, como en los tiempos del permiso de aprendizaje? Aquí hay dos formas de pensar diferentes. Una de ellas razona que los adolescentes necesitan la experiencia en la carretera, y por tanto, si no se les permite manejar no avanzarán en su formación. Según la otra, sin embargo, una conducta indebida debería resultar en la pérdida total del privilegio. También habría que tener en cuenta que si a un adolescente se le suspende la licencia, ¿cómo llegará a la escuela, a su trabajo o a sus actividades? Algunos padres dirán: "Has perdido tu licencia. Ahora búscate la vida." Entonces el adolescente podría pedir a algún amigo que lo lleve, pero tal vez eso infrinja la restricción de pasajeros de su estado. No les puedo dar la respuesta, pero recomiendo que los padres lo piensen muy detenidamente.

Cómo contar los días. Los padres deben saber cómo calcular una suspensión. Una forma es especificar el número de días exactos. Se empieza el día 1 cuando se impone la suspensión (y, con suerte, el adolescente está de acuerdo), y se cuenta por periodos de 24 horas a partir de ese momento. Así, si la infracción ocurrió un sábado por la noche, se habla de la situación el domingo por la mañana y el adolescente deja de usar su licencia el domingo a mediodía durante siete días, por ejemplo. Entonces la suspensión terminaría el siguiente domingo a mediodía.

Excepciones al toque de queda. La mayor parte de las leyes estatales de toque de queda tienen excepciones, como, por ejemplo, para asistir a actividades escolares o para acudir a un empleo. Si su adolescente piensa usar alguna de estas excepciones (por ejemplo, si tiene un trabajo que termina después del toque de queda), debe incluirse en el acuerdo.

Finanzas. Un ACA es un buen lugar para establecer cosas básicas, como qué parte de los costos de conducir y mantener el auto pagarán los padres y el adolescente.

Poder de anulación de los padres. Aunque los adolescentes se opongan porque piensen que va en contra del acuerdo escrito, los padres son los verdaderos responsables de la seguridad de sus adolescentes. Supervisar a un conductor adolescente requiere sentido común, y pueden surgir circunstancias en la vida de un adolescente en las cuales no es seguro conducir. Los padres deben tener la autoridad inmediata de suspender la licencia y esto debe reflejarse en un ACA. Si el adolescente ha vuelto de una excursión con la escuela a las 3:00 AM y quiere volver a salir en auto a las 7:00 AM, los padres deberían poder hacer algo para prohibir que conduzca fatigado.

¿Quién decide si hay conducta indebida? Muchos modelos de ACA hacen referencia solo a una sanción o citación impuesta de manera oficial, ¿pero qué pasa si un profesor, entrenador, vecino, amigo, pariente o incluso un compañero de clase informa a los padres de que ha visto a su adolescente enviando mensajes de texto mientras conducía o que llevaba varios pasajeros en el auto? ¿Y qué pasa si los padres reciben una información anónima? En casos así, creo que es una decisión personal de los padres, que deberían tener en cuenta si la información viene de una fuente fiable. En el acuerdo se debe reflejar que las suspensiones podrían resulta de información o eventos que no tengan que ver con las impuestas por un policía u otro oficial.

Libre de culpa. Para compensar por el poder de anulación de los padres, el acuerdo debería decir también que los privilegios no se suspenderán si el adolescente lo llama para que lo vaya a recoger en una situación peligrosa o si está involucrado en un choque y claramente no tiene la culpa. Si el adolescente está esperando en un semáforo y otro auto lo golpea por atrás, o si el auto sufre daños mientras está estacionado, no debería haber consecuencias para el adolescente.

Tecnología. Si usted, como padre, se puede permitir instalar un sistema de alta tecnología para rastrear a su conductor adolescente, póngalo en el acuerdo y deje claro que la información recibida de ese aparato podría resultar en una suspensión. Por ejemplo, si un aparato que mide la velocidad del auto envía un correo electrónico a los padres avisando de que se ha superado cierta velocidad, el resultado debería ser una suspensión.

¿Quién firma el acuerdo? Está claro que el adolescente debe firmar, pero también deberían firmar el acuerdo todos los adultos que van a tener que ver con la formación y supervisión del conductor adolescente. El hecho de que lo firmen todos los adultos responsables podría ayudar a evitar que el adolescente trate de presionar a algún adulto que no haya firmado, y también sirve para otra cosa muy importante, que es que todos los adultos supervisores deberían estar de acuerdo acerca de cuáles serán las reglas.

¿Dónde? Guarde una copia del acuerdo firmado en el auto y dé una copia a cada una de las personas que lo firmaron.

¿Ya tiene licencia? ¿Se puede firmar un ACA con un adolescente que ya tiene su licencia y está manejando? Por supuesto que sí. Si ha habido una infracción o un choque, es buen momento para que los padres insistan en que se firme un acuerdo antes de que el adolescente pueda volver a conducir. Sin embargo, el mejor consejo es que ponga en marcha lo antes posible un ACA para cada conductor adolescente.

Al final de este libro está mi modelo de ACA. Es un modelo nacional, pero usted debe adaptarlo a las leyes GDL de su estado y a su familia. También se puede descargar en la página de inicio de mi blog, www.fromreidsdad.org. En este modelo, he tratado de aprovechar lo más importante de los acuerdos de conductor adolescente existentes y mejorarlo para reflejar los métodos más efectivos que los adultos supervisores pueden usar con sus conductores adolescentes.

Mi modelo ofrece la siguiente combinación:

- una declaración de intenciones;
- un recordatorio de que el acuerdo debe ajustarse a las leyes de su estado;
- una recomendación de que presente el acuerdo antes de que su adolescente obtenga su permiso de aprendizaje y lo revise cuando obtenga su licencia completa (o sea, cuando tenga el derecho de conducir solo);
- el reconocimiento, firmado con las iniciales tanto del adolescente como de cada adulto supervisor, de cada uno de los peligros principales de la conducción adolescente, incluyendo el retraso en el desarrollo cerebral;
- un reconocimiento, por separado, de los adultos supervisores (para demostrar a los adolescentes que el acuerdo es una vía de dos sentidos) de su posición de modelos a seguir y personas que enseñan hábitos de conducir seguros.
- un recordatorio de que la supervisión del conductor adolescente por un adulto es una labor continua, día a día y circunstancia a circunstancia, que requiere buen juicio;
- una declaración clara en contra de la conducción recreativa al exigir un plan de ruta;
- una promesa por parte del conductor adolescente de que se hará a un lado y detendrá el vehículo de manera segura antes de escribir mensajes de texto, leer, ver videos o hacer llamadas;
- el reconocimiento de que la información sobre las conductas indebidas puede llegar a los adultos supervisores desde una variedad de fuentes;
- horas y procedimientos claros para los toques de queda y para el uso de posibles excepciones;
- un tiempo mínimo de duración del acuerdo (se recomienda un año);
- identificación de cualquier tecnología que se vaya a usar;
- la aclaración de quién pagará qué parte de los gastos;

- la opción de usar una tercera persona neutra que sirva de mediador; y
- lo más importante, el *compromiso* de dar prioridad a la seguridad y de seguir las estipulaciones del acuerdo.

En cuanto al apartado de "Finanzas": como resultado de la recesión económica que comenzó en el 2008, en los últimos años los padres han gastado menos en sus conductores adolescentes y los adolescentes tienen menos dinero para gastar en conducir. Conducir es caro. Las tarifas de los seguros para adolescentes siempre han sido mucho más altas que las tarifas para conductores mayores (y con razón, dado el alto índice de choques de los adolescentes); el aumento del precio de la gasolina solo ha empeorado las cosas. En los tiempos de dificultades económicas, que los adolescentes conduzcan se podría considerar un lujo. La disminución en los índices de choques de los últimos años pueden deberse en parte a las leyes más estrictas para conductores adolescentes, pero también a los problemas en nuestra situación económica.

Aunque todo esto nos dé lástima, el costo de conducir debe llevarnos a considerar una forma importante en la que los padres pueden controlar a sus conductores adolescentes: a través del presupuesto. *El dinero es otro motivo que tienen los padres para decir que no.* Ya sea explicando a su adolescente el presupuesto familiar y mostrándoles qué se tendría que cortar si la familia dedicara más al gasto innecesario de gasolina, o quitándoles las llaves algunos días como resultado de algún gasto inesperado, los gastos de conducir constituyen una manera de ejercer control, y es algo que un adolescente no puede cuestionar fácilmente. Usar el presupuesto familiar para controlar a un conductor adolescente podría incluso servir de oportunidad para enseñar al adolescente las realidades económicas de la vida: presupuesto, establecer prioridades en los gastos, economizar y ahorrar.

El costo de conducir es un reto difícil para millones de americanos, pero los padres, sea cual sea la situación económica de la familia, deben tener en cuenta que el dinero es una forma importante de regular la conducción adolescente, y la mención de este aspecto en el ACA es un buen lugar para comenzar.

10

La diferencia entre conducir en serio y conducir para divertirse

Aprendí una lección fundamental de los instructores de manejo que sirvieron conmigo en la comisión especial de mi estado. Su mensaje era tan obvio que no sabía por qué no se me había ocurrido mientras supervisaba a mi hijo, pero el hecho es que no se me ocurrió. Sospecho que ahora, para la mayoría de los padres, esta idea, esta preocupación clave, se encuentra justo debajo de la superficie de nuestra conciencia: si un adolescente tiene algún motivo para manejar desde el punto A al punto B, una ruta predeterminada, un tiempo de llegada estimado y una consecuencia si no llega a la hora, la probabilidad de un choque grave es relativamente bajo. Pero cuando los adolescentes conducen solo por conducir, sin un destino fijo, sin motivo, sin una ruta predeterminada y sin hora de llegada, comienzan los problemas. Cuando los adolescentes conducen para divertirse, para escaparse de sus padres o de su casa, para pasear con sus amigos o incluso simplemente para ver qué es capaz de hacer la máquina de cuatro ruedas que manejan, los índices de choque suben.

Dicho de manera sencilla, aprendí la diferencia entre conducir en serio y conducir para divertirse. Esto último también se conoce como conducción recreativa.

Si su adolescente se dirige hacia su entrenamiento deportivo o a su trabajo a las 6:00 AM y sabe que llegar tarde resultará en tener que hacer más flexiones, tener menos tiempo para jugar o menos salario, seguro que toma la ruta más rápida y directa. En ese caso, es muy probable que llegue sano y salvo a su destino. Sin embargo, si su plan para la tarde es ir "a algún lugar" en auto, sin destino fijo, con una hora de volver que es simplemente "en algún momento antes" del toque de queda, desaparece la motivación del adolescente para conducir de forma segura y, en su lugar, aparecen los factores que pueden causar un choque. Es más probable que un adolescente practique las destrezas que ha aprendido y cumpla las leyes tanto de conducción adolescente como de seguridad vial cuando su destino es un objetivo en sí mismo. Por el contrario, cuando los adolescentes manejan para entretenerse o como vía de escape en lugar de como transporte, la seguridad no siempre es su prioridad más alta.

La diferencia entre conducir con un propósito y conducir de forma recreativa no siempre queda clara. Si un chico adolescente tiene que conducir hasta la otra punta de la ciudad para ver a su novia y luego ir al cine, ¿eso se puede considerar conducir con un propósito (el conductor tiene un motivo, una hora estimada de llegada y una consecuencia) o es recreativo? En todo caso, la gran mayoría de las situaciones en las que los adolescentes se ponen detrás del volante caen dentro de una categoría u otra.

Los padres son la primera línea de defensa para impedir que los conductores adolescentes se metan en situaciones donde el riesgo de choque es más elevado. Si lo que quiere su adolescente es salir con el auto hoy, esta noche o mañana para pasear, dar una vuelta, pasar el rato, callejear, conducir sin rumbo fijo, o comoquiera que se le llame, usted debería pensarlo dos veces antes de entregarle las llaves.

11

Cómo conseguir que un adolescente reconozca los riesgos

Los adolescentes a menudo viven en su propio mundo, y se preocupan sobre todo por sí mismos y cómo encajar y ser aceptados por sus amigos. Se consideran inmunes o invulnerables a los peligros de la vida.

A los padres se les pide que entreguen las llaves de su auto a estos seres de visión limitada.

¿Y qué debemos hacer para que los conductores adolescentes reconozcan y asimilen los riesgos de conducir? ¿Cómo conseguimos que modifiquen su conducta? Está claro que los adolescentes son capaces de protegerse a sí mismos. Saben que no deben arrojarse por un precipicio ni ponerse delante de un tren que viene de frente, y que no es buena idea tocar un cable de alto voltaje. ¿Cómo conseguimos que incluyan el conducir dentro de estos peligros que ellos entienden claramente?

En las clases de manejar (ya sean impartidas por una escuela privada o por los padres/guardianes), y en la información que ofrecen los departamentos de vehículos motorizados, policía, escuelas y grupos de apoyo, se suele abordar de dos formas principales: por un lado, a través de videos y fotos horripilantes, y por otro, tratando de hacer comprender a los adolescentes de qué manera sus decisiones equivocadas al volante afectarían a sus familias, amigos y comunidades. Por mi parte, declaro una fuerte preferencia por la segunda opción.

Sin ánimo de meterme en líos, quisiera apuntar que los adolescentes de la sociedad actual están insensibilizados al derramamiento de sangre y a ver los cuerpos y autos destrozados por los choques. Millones de personas pagan dinero para ir al cine a ver películas donde les enseñan estas mismas cosas: persecuciones de alta velocidad, choques, explosiones y personas heridas o muertas.

El ejemplo más conocido de la opción horripilante para promover la seguridad entre los conductores adolescentes es el video del Departamento de Policía de Gwent, producido en Gales en el 2009. El video muestra la muerte a cámara lenta de varias chicas en un auto cuyo conductor estaba enviando mensajes de texto mientras conducía. Este video, lleno de imágenes de latigazos cervicales, metal retorcido, partes del cuerpo dislocadas y sangre, ha sido un éxito mundial en YouTube. Su popularidad se debe, en mi opinión, no al hecho de demostrar gráficamente los peligros de enviar mensajes de texto, sino por mostrar lesiones y muertes a cámara lenta. Su efecto es más excitante que admonitorio. Desde mi punto de vista, los videos y las fotos de choques de automóviles y las lesiones resultantes no son demasiado efectivos en concienciar a nuestros adolescentes de los peligros de conducir.

Compare ahora este enfoque con unos adolescentes que escuchan el trágico testimonio personal de los padres y hermanos de conductores adolescentes que han perdido la vida. Este es el enfoque que utiliza !IMPACT, o Mourning Parents Act (Los Padres en Duelo Actúan), www.mourningparentsact.org. !IMPACT fue fundado por madres que perdieron a sus adolescentes en choques en el 2002, con solo unas semanas de diferencia. Cada año, los representantes de !IMPACT cuentan a miles de estudiantes de escuela secundaria cómo su adolescente se fue de casa, cómo supieron que había sufrido un choque grave y como supieron que su hijo o hija había muerto. Después cuentan los detalles del choque y las lesiones. Y hablan de su doloroso paso por la conmoción, la incredulidad y el horror al darse cuenta de que no habría más cumpleaños, ni graduaciones ni bodas.

En las presentaciones de !IMPACT, cuando hablan esos padres y hermanos, hay tal silencio entre el público que no se oye ni el vuelo de una mosca. Estos estudiantes no están enviando mensajes de texto ni están susurrando. Están totalmente absortos, pensando en su propia mortalidad. Están inmersos en el mensaje que se les transmite, imaginando cómo sería si fueran sus padres o sus hermanos los que estuvieran hablando. Fluyen las lágrimas, y siempre hay estudiantes que envían mensajes a los presentadores para que sepan cómo sus comentarios los han llevado a cambiar sus hábitos como conductores y como pasajeros. Algunas veces estos adolescentes confiesan en sus mensajes que han estado a punto de tener un choque que les podría haber costado la vida.

Las lecciones de !IMPACT y de otras organizaciones similares son:

- que es esencial tratar de hacer que los adolescentes interioricen los peligros de conducir;
- que probamos con demasiada frecuencia dar lecciones acerca de la seguridad vial con fotos y videos llenos de sangre y metal retorcido; y
- que sería mejor que miráramos más las consecuencias humanas de tomar decisiones equivocadas en la carretera y el sufrimiento incalculable y multidimensional que resulta de las lesiones graves o la muerte de un conductor adolescente.

Así que, sería mejor olvidar los videos sangrientos y pedir que la escuela de su adolescente invitara a alguna organización como !IMPACT o a un orador que pueda contar una historia personal convincente para que hable de los riesgos de la conducción adolescente. O podría presentar a su adolescente a alguien en su comunidad que esté dispuesto a servir de ejemplo vivo. Lamentablemente, somos unos cuantos los que podríamos hacerlo.

12

La ceremonia de las llaves

Hay una cosa muy importante que los padres de conductores adolescentes deben tener siempre presente: "usted es el guardián de las llaves". Vamos a ver exactamente qué significa esto.

En general, como es obvio, si no hay llaves, no hay auto. Si los padres no entregan las llaves, los adolescentes no manejan y no ocurren los choques. Pero, a menos que decidamos esperar a que tengan una edad más madura para comenzar a manejar, surge la pregunta de cuándo, dónde y cómo debemos guardar o entregar las llaves del auto.

Como punto de partida, debemos tener en mente la posición poderosa, y casi glorificada, de ser padres. Los padres son los dragones que guardan el tesoro. No pasa nadie que no debe pasar. Los padres son la junta de libertad condicional que decide a quién se libera y cuándo. Ellos son los que deben decidir si se puede permitir que una persona sin experiencia y propensa a correr riesgos deba operar una maquinaria pesada que tiene el potencial de herir o matar a otros. Estamos en una posición de responsabilidad con respecto a nuestras familias y con todas aquellas personas que puedan estar en la misma calle o carretera que nuestro conductor adolescente.

¿Qué debería tener que hacer un adolescente para obtener las llaves? Ante todo, *debería tener que pedirlas*. Ningún conductor adolescente debería tener acceso fácil a las llaves. No deberían ser otro de los muchos objetos que tenemos en un bol en el mostrador de la cocina. Si volvemos a la analogía del controlador aéreo (capítulo 8), el acto de pedir las llaves cada vez que un adolescente quiere ponerse detrás del volante es una oportunidad que tienen los padres para repasar el plan de vuelo y hacer un chequeo de seguridad: ¿El tiempo es apropiado para que salga un conductor sin experiencia? ¿Se ha establecido cuál es su destino y sus horas de llegada y salida? ¿Tiene la ruta planeada? ¿Está descansado, alerta y no demasiado estresado el conductor? El viaje del adolescente debe tener un propósito; no debe ser recreativo (capítulo 10). Se debería hacer un breve repaso de los puntos principales del acuerdo entre el adolescente y sus padres (capítulo 9). *Entregar las llaves debería ser una ceremonia que recuerde la seriedad de la actividad que el adolescente está a punto de emprender.*

¿Dónde deben guardar las llaves los padres? Una opción es esconderlas, aunque si mi experiencia con mi hijo sirve de guía, esta estrategia no siempre funciona. Ocultar las llaves puede llevar a un juego de las escondidas. El hecho de esconder las llaves parece implicar una falta de confianza y contradice el importante mensaje de que conducir es una actividad adulta. (Además, en una ocasión, olvidé dónde había escondido las llaves.) Por otra parte, es difícil defender la opción de dejar las llaves a plena vista de su adolescente y que todo dependa de que las pida cada vez que quiera conducir (incluso si se ha incluido en el acuerdo de conductor adolescente). Debería haber una solución intermedia. Yo recomiendo tener las llaves en un gancho en la pared, a plena vista de los padres supervisores para que todos sepan cuándo están las llaves y cuándo alguien se las ha llevado. Tal vez quiera pegar la lista de consejos que aparece al final de este libro (capítulo 26) en la pared, junto a las llaves. De esta manera, si el adolescente se las lleva sin permiso, quedará claro que lo hace de forma deliberada, intencionada y pública. En mi opinión, hacerlo de esta manera da a entender que las llaves se entregan siempre a cambio de un nuevo repaso y un compromiso de seguridad.

Cada uno debe decidir si quiere condicionar la entrega de las llaves a otras cuestiones, como el hecho de haber completado las tareas de la escuela y de la casa, pero según mi punto de vista, conducir es conducir y, como el acuerdo de conducir, debería mantenerse separado de otros asuntos entre padres y adolescentes. Bastantes preocupaciones tenemos con los conductores adolescentes como para mezclarlas con otras cosas de la vida.

Ser el guardián de las llaves es una tarea un poco diferente cuando su adolescente es el conductor primario del auto, en lugar de uno de varios. Varios estudios han demostrado que los adolescentes que tienen sus propios autos tienen índices de choques más altos que los que dependen del auto de sus padres o de un hermano (capítulo 17). Estos consejos acerca de las llaves, por tanto, son mucho más importantes si su adolescente tiene su propio auto.

Las llaves del auto son la ventaja que tienen los padres. Utilícela. Cada vez que su adolescente se vaya a poner al volante, aproveche para hacer una ceremonia de investidura, la proclamación de un nuevo caballero. Y mantenga siempre en mente lo que está en juego y lo que se arriesga cuando un adolescente se convierte en el Guardián de las Llaves.

El peligro de llevar pasajeros, hermanos incluidos

Uno de los aspectos más tristes de las noticias que vemos sobre choques de conductores adolescentes es que a menudo mueren o sufren lesiones uno o más pasajeros. Choques como el de mi hijo, donde el conductor adolescente se mata pero los pasajeros sobreviven, suelen ser poco frecuentes.

Un estudio llevado a cabo en el 2012 por la Fundación de Automobile Association of America (Asociación Americana del Automóvil o AAA) examinaba casi diez mil choques entre el 2005 y el 2010 en los que murió un conductor de dieciséis o diecisiete años cuando llevaba uno o varios pasajeros. El estudio hace constar que, aunque los índices globales de choques disminuyeron durante el periodo analizado, el índice de choques de conductores jóvenes con pasajeros se mantuvo prácticamente igual. Esto indica que, aunque las leyes para conductores adolescentes se han vuelto más estrictas en todo el país, un porcentaje igual de padres y adolescentes siguen sin acatarlas. De hecho, el estudio demuestra que los conductores adolescentes que llevan pasajeros también adolescentes se están convirtiendo en un problema de difícil solución.

El segundo dato más pavoroso de este estudio es que entre las casi diez mil muertes de conductores, cerca de dos terceras partes son de chicos.

Como ya se mencionó, las leyes para conductores adolescentes varían de estado en estado y las restricciones sobre los pasajeros están entre las más variables. Esta realidad, combinada con los datos recogidos por AAA y el hecho de que los padres están en la mejor posición para supervisar los pasajeros que lleva un conductor adolescente, significa que el cumplimiento de las restricciones sobre pasajeros podría ser la mejor posibilidad para reducir los índices de choques actuales. Cuanto menos estrictas sean las leyes en determinado estado, más deben vigilar los padres y, por lo general, los chicos necesitan más supervisión que las chicas.

El hecho de que conducir sea la causa de muerte más frecuente entre las personas menores de veinte años en Estados Unidos nos lleva a la pregunta siguiente: ¿a qué edad comienzan los niños a estar en riesgo como pasajeros? Las estadísticas nacionales nos ofrecen la respuesta: a los doce años, o sea, en los primeros años de la escuela secundaria. Otra pregunta que surge es: ¿a qué hora del día existe más riesgo para los pasajeros adolescentes? Aquí también los datos nos dan una respuesta clara: las hora inmediatamente después de la salida de la escuela, cuando es más probable que los jóvenes monten en un auto sin que estén los padres presentes para decir "no tan rápido", y cuando lo que más ocupa sus mentes son la libertad y la diversión.

Es mejor dividir los consejos acerca de los pasajeros en cuatro categorías: riesgos, mitos, consejos para padres y pasajeros y consejos para escuelas y organizaciones juveniles.

Riesgos: los padres que lleguen a la conclusión de que es seguro que su hijo monte en un auto con un conductor adolescente porque se trata de un adolescente sensato que ha tomado clases de manejar están jugando con fuego. El mejor consejo en este caso es: *no lo hagas*.

Pero como es probable que lo haga de todas maneras, al menos debemos identificar los factores que aumentan los peligros de los conductores adolescentes: conducción recreativa (conducir sin un destino fijo, sin ruta planificada, horario y una consecuencia si se llega tarde); conducción distraída (envío de mensajes de texto o uso de un aparato electrónico); cualquier cosa que haga al conductor quitar los ojos de la carretera, las manos del volante o apartar su mente de la situación; conducir bajo los efectos de las drogas, el alcohol o la fatiga; conducir de noche o con mal tiempo; conducir en un lugar desconocido; y conducir sin cinturón de seguridad. Como mínimo, debe evitar estas situaciones de riesgo más elevado.

Mitos: a un conductor adulto que está supervisando expresamente al conductor adolescente y que está sentado en el asiento de delante se le puede considerar como un segundo par de ojos. No obstante, pensar que otro adolescente, un conductor sin experiencia o cualquiera en el asiento de atrás puede aumentar la seguridad como un par de ojos adicionales es simplemente erróneo. La posibilidad de que esa persona distraiga al conductor es mucho más fuerte que la vigilancia que aporta.

Algunos padres justifican el hecho de dejar que un conductor adolescente lleve de forma ilegal a otro pasajero diciendo que así se ahorra gasolina. Me pregunto cuántas veces un pasajero adolescente contribuye al costo de la gasolina, pero aparte de eso, el precio del combustible es insignificante en comparación con los peligros documentados, además del costo personal y financiero, cuando el conductor adolescente lleva pasajeros. Lo mismo cabe decir de la explicación de que un conductor adolescente necesita llevar pasajeros para obtener experiencia en manejar con otra gente en el auto. Los adolescentes deben aprender a ser conductores seguros primero. Después, pueden pensar en aprender a conducir de forma segura con pasajeros.

Reglas de los padres: cuando se trata de llevar pasajeros, es fácil que los padres establezcan reglas claras: no se permiten pasajeros que sean ilegales bajo las leyes estatales. No se deben llevar pasajeros sin el permiso expreso de los padres o adulto supervisor del conductor adolescente y del pasajero. No hay excepciones, y esto debe quedar claro en el acuerdo de conductor adolescente que usted y su adolescente negocian y firman.

Si va a permitir que su hijo suba al auto con otro conductor adolescente, que sea alguien que usted considera una persona responsable y un conductor con experiencia (con al menos un año de permiso de conducir y sin suspensiones ni choques) y que pueda legalmente llevar pasajeros. Solo debe permitirlo si es por un propósito en concreto y no por diversión. Póngase en contacto con los padres del conductor o con un adulto supervisor para que todos estén de acuerdo con el plan. Explique claramente a su adolescente que no debe tolerar ningún tipo de distracción por parte del conductor. Preparen una estrategia para que su adolescente, como pasajero, pueda bajarse el auto si siente que la situación no es segura (la más común es "tengo ganas de vomitar"). Elijan una palabra clave que su adolescente puede enviar en un mensaje de texto o decir por teléfono si está en peligro. Deje muy claro que la decisión de bajarse de un auto de un conductor distraído, bajo la influencia de sustancias dañinas o inseguro, aunque sea en medio de la nada, puede significar la diferencia entre la vida y la muerte. Y no olvide que las mascotas pueden ser distracciones peligrosas.

Para escuelas y organizaciones juveniles: cualquier escuela u organización que depende de que los adolescentes transporten a otros estudiantes debe asegurarse de que sus formularios de permiso reflejen claramente la ley de su estado en cuanto a pasajeros. En el capítulo 20 se sugiere que una parte del sitio web de una escuela se utilice para colgar una lista de los conductores adolescentes que han tenido sus licencias el tiempo suficiente como para llevar pasajeros legalmente.

Aunque las restricciones sobre los pasajeros de muchas leyes GDL permiten que los adolescentes transporten a sus hermanos antes que a otros pasajeros, los estudios demuestran que el riesgo de distracción es igual de grave. Desgraciadamente, nuestras leyes acerca de la edad de recibir el permiso se basan más en tradición que en datos de seguridad vial. Durante la década pasada, se han hecho multitud de estudios que demuestran que los índices de choques de los adolescentes que acaban de obtener su licencia aumentan considerablemente cuando llevan uno o más pasajeros que no sean un conductor adulto supervisor. Permitir que los hermanos viajen como pasajeros de los conductores que acaban de obtener su permiso es una forma segura de aumentar los índices de choques y poner tanto a los conductores como a sus hermanos en riesgo. Si las leyes se basaran en las investigaciones y estadísticas recientes, no permitirían que los hermanos fueran pasajeros antes que los demás.

Los instructores de manejo con los que yo he hablado me han explicado que los conductores nuevos están todavía aprendiendo y no deben ser distraídos por sus hermanos mientras aprenden. Aprender a manejar con las distracciones que suponen los pasajeros es una destreza que conviene dejar para más tarde en la educación de un conductor. El problema de seguridad que plantea es indiscutible y debe ser tenido en cuenta. Como observó el investigador de seguridad vial Dave Preusser: "¿confiaría usted sus bienes más valiosos a un conductor sin experiencia?".

Como pasajeros, los hermanos distraen tanto como los demás y, en algunas situaciones, incluso más.

14

Cómo establecer los horarios de llegada a casa

Las leyes para conductores adolescentes en la mayoría de los estados establecen restricciones nocturnas, la más importante de las cuales es el toque de queda. En general, la hora límite para que los conductores adolescentes estén fuera de las carreteras oscila entre las 9:00 PM y la medianoche, con varias excepciones, como un empleo, actividades escolares, necesidades médicas, prácticas religiosas y participación en servicios de seguridad pública (antiincendios, ambulancia, programas de "viaje seguro", etc.), los cuales pueden hacer necesario que el adolescente esté más tarde en la carretera.

A continuación les ofrezco algunas reflexiones acerca de los toques de queda:

- Los toques de queda no abordan el problema del tiempo peligroso justo después de la escuela. Esos son los momentos en los que es más probable que los adolescentes viajen con pasajeros ilegales, aumentando considerablemente los índices de choques. Los toques de queda solo afectan a la conducción nocturna.

- En cuanto a la conducción nocturna, un problema constante es que los conductores adolescentes se dan mucha prisa para llegar antes del toque de queda. De hecho, algunos adolescentes piensan que estar fuera de la carretera antes del toque de queda de su estado es una razón legítima para manejar a la velocidad que sea para llegar a casa a tiempo.
- Por supuesto que los toques de queda no justifican el exceso de velocidad, pero sí que nos recuerdan la importancia de planificar la vuelta de manera que los adolescentes puedan llegar a la hora sin pasar el límite de velocidad. Para conseguirlo, es necesario hablar con el adolescente, antes de que salga, de la ruta y del tiempo que calcula que necesitará para hacer el viaje de vuelta. Una vez establecido esto, será más fácil que padres y adolescentes puedan asegurarse de cumplir con el toque de queda. Para el viaje de vuelta, se debería dejar un margen de tiempo por si hay retenciones de tráfico. Por ejemplo, si la ruta normalmente toma treinta minutos y el toque de queda es a las 11:00 PM, la hora de salida debería ser a las 10:15 PM.
- Si el conductor adolescente sufre un retraso por una retención de tráfico que podría hacerlo llegar más tarde del toque de queda, debe notificar a los padres o al guardián en cuanto pueda hacerlo de forma segura; es decir, no debe enviar un mensaje de texto ni debe usar el celular mientras maneja, sino que debe llegar a un lugar seguro, fuera de la carretera, lo antes posible para explicar dónde está y cuánto tardará. El adolescente debe entender que un retraso que no se notifica hasta llegar a casa sin duda será cuestionado.
- Los eventos y actividades escolares que terminan después de las 9:00 PM constituyen un serio problema, ya que hacen que los adolescentes conduzcan durante las horas más peligrosas del día, muchas veces con pasajeros y cuando es muy probable que estén cansados. En estos casos, los adultos supervisores deben considerar la posibilidad de ir a recoger a

su adolescente, aunque este haya obtenido recientemente su licencia de conducir, para evitar esta situación peligrosa.

- Si los padres y el adolescente han firmado un acuerdo de conductor adolescente, lo más probable es que hayan fijado una sanción por no cumplir con un toque de queda. Esta estipulación requiere el uso del buen criterio de los padres. Como sabemos, es difícil calcular el tiempo que se necesita para conducir, y habrá ocasiones en las que el adolescente llegue tarde por condiciones que están fuera de su control. Recuerde que el propósito de hacer un ACA es el compromiso mutuo por la seguridad y no el poder imponer un castigo por la más mínima infracción. Si el adolescente salió a la hora debida y ofrece una explicación razonable por haber llegado unos minutos tarde, y además no es un infractor reincidente, se recomienda un poco de flexibilidad.

- En cuanto a las excepciones a los toques de queda que especifican las leyes de su estado, la primera regla, y la más sencilla, es: si su adolescente tiene que estar en la carretera después del toque de queda de forma habitual, probablemente por un empleo o una actividad escolar, pida a su empleador o a la autoridad escolar que le dé una carta en el membrete oficial que el adolescente pueda guardar en la guantera. En la carta se debe especificar cuándo el adolescente estará en la carretera y por qué, además de la ruta a seguir. Una carta típica de un empleador podría decir algo así: "A quien pueda interesar/A los agentes de orden público: Kevin Jones es empleado de la tienda 7-11 en Midland Avenue de Smithtown. Trabaja hasta la medianoche los viernes, sábados y domingos, y al terminar, maneja hasta su casa en 123 Main Street por la Route 14." Una carta de una autoridad escolar podría decir: "Mary Doe está participando en una producción teatral en Central High School entre el 16 de abril y el 4 de mayo. De lunes a jueves, saldrá de la escuela entre las 11:00 PM y la medianoche y manejará hasta su casa en 18 Elm Street, por River Parkway."

- Los adolescentes deben entender hasta dónde pueden llegar cuando utilizan una excepción. Cuando hablo a estudiantes de escuela secundaria, les digo: "Si el toque de queda es a las 11:00 PM y te dan las 11:15 PM porque el partido se alargó, si la policía te para pero estás más o menos en línea directa entre la escuela y tu casa, no estás incumpliendo la ley. Pero si son las 2:00 AM y estás dos pueblos más allá del tuyo, estás en un lío".

- Los padres deben entender que conducir para divertirse, aunque se observe el toque de queda, sigue siendo peligroso. El hecho de que a un adolescente se le mande a casa a cierta hora cuando conduce solo para divertirse (ver capítulo 10) no disminuye los peligros de este tipo de conducción.
- Finalmente, dese cuenta de que el toque de queda nocturno marcado por ley para conductores adolescentes de un estado representa un *mínimo*. Utilice su sentido común para decidir en cada caso. Ejerza sus derechos bajo su ACA. En todo caso, establezca una hora de llegada más temprana que la legal (por ejemplo, las 9:00 PM para conductores noveles) y permita excepciones cuando esté justificado. Si hay circunstancias especiales, como la fatiga o el mal tiempo, que lo hacen pensar que debe imponer una hora de llegada más temprana algún día en particular, no dude en hacerlo. Como pasa con los demás aspectos de las leyes para conductores adolescentes, el estado impone un toque de queda para todos los adolescentes en todas las circunstancias. Eso no significa que usted, como padre, tenga que dejar su sentido común estacionado en el garaje.

La supervisión del nuevo conductor

Aunque los padres quieran pensar que la formación de un conductor adolescente es como una ecuación lineal, que cuanto más tiempo pase detrás del volante, mejor conductor será, está demostrado que *la forma de conducir de los adolescentes se deteriora cuando comienzan a conducir sin supervisión*. Esto no se debe a que sus destrezas se deterioren, sino a que sus actitudes cambian. Durante los primeros seis meses en que los adolescentes conducen solos, sin que nadie los vigile ni los corrija, tienden a experimentar y descartar cualquier cosa que hayan aprendido que les parece estúpido. Específicamente, los conductores noveles se fijan en las hipocresías de sus padres e imitan los malos hábitos que los mayores les han dicho que no deben adoptar porque son errores que los padres normalmente cometen también. En realidad, este fenómeno demuestra que los padres son modelos a seguir para los jóvenes conductores y su propia forma de conducir nunca es tan importante que cuando un adolescente tiene su permiso de aprendiz y mira con lupa todo lo que hacen los mayores cuando están al volante. Si los padres usan aparatos electrónicos que los distraen, no se abrochan los cinturones, van demasiado rápido, conducen muy pegados al auto que va delante, no señalizan o conducen bajo la influencia, pueden *estar seguros* de que sus adolescentes los van a copiar cuando ellos comiencen a manejar por su cuenta.

Así que, justo cuando los padres piensan que sus adolescentes van bien, ya que aún no han tenido ningún choque, deben estar más atentos que nunca porque se olvidarán de muchas cosas que han aprendido cuando conduzcan sin supervisión.

No hay ninguna solución mágica a este dilema, pero les doy tres consejos que los podrían ayudar. El primero es que dé a su adolescente muchas más horas de instrucción en la carretera de las que la ley de su estado exige. Tal vez, con cientos de horas de experiencia detrás del volante en lugar de las veinte o cincuenta que la mayoría de los estados requieren, adoptará más buenos hábitos. El siguiente consejo es que los padres se den cuenta de que, aunque el adolescente comience a conducir sin supervisión, no significa que se acabó su entrenamiento supervisado. Los padres tienen la opción de entrar en esta fase de forma gradual, alternando la conducción supervisada con la no supervisada durante los primeros meses.

El tercer consejo, si se lo pueden permitir, es instalar un sistema de alta tecnología para rastrear a su conductor adolescente. Estos aparatos, que vigilan la velocidad y la ubicación del auto e incluso pueden establecer límites geográficos para el vehículo del conductor adolescente, son especialmente importantes al principio. Si un adolescente sabe que se le supervisa electrónicamente, lógicamente se portará de forma más responsable. (Los negocios que tienen una gran flota de automóviles llevan mucho tiempo usando este tipo de tecnología para controlar la ubicación de sus vehículos y, más recientemente, para vigilar la conducta de sus conductores. Ahora estos sistemas se han adaptado para permitir a los padres vigilar a su adolescente mientras maneja, y existe una gama de productos en el mercado, algunos de los cuales tienen un costo relativamente modesto.)

Por supuesto que estos sistemas se siguen desarrollando y mejorando, hasta tal punto que una descripción detallada de sus funciones podría quedar obsoleta en cuestión de meses. Baste decir que estos sistemas, básicamente, rastrean la ubicación del vehículo y su velocidad y envían un informe a los adultos supervisores. Algunos sistemas usan cajas que se apoyan en el tablero de mandos (con lo cual existe el peligro de que algún adolescente astuto aprenda a hacer trampa), mientras que otros se instalan en otra parte del vehículo. Algunos rastrean e informan en "tiempo real" (cada pocos minutos), mientras que otros generan informes periódicos (por ejemplo, mensuales). Algunos de estos sistemas, que son parecidos a las cercas eléctricas para mascotas, establecen límites geográficos y dan una señal de aviso al adolescente y a los adultos supervisores si el vehículo sobrepasa esos límites.

Otra cosa que deben tener en cuenta los padres es que algunas compañías de seguros ofrecen un descuento en la prima de los conductores adolescentes cuando este tipo de tecnología se instala en el auto.

Si los padres se lo pueden permitir, estos sistemas constituyen una herramienta útil para controlar a los conductores adolescentes. Que un adolescente sepa que su conducta como conductor está siendo vigilada solo puede servir de ayuda. Además, si un adolescente intentara desactivar el sistema de rastreo o hiciera trampas, sería un claro aviso de que no está listo para tomar en serio el conducir de forma segura.

Por tanto, con la advertencia de que estos sistemas no deberían servir de excusa para que los padres bajen la guardia, la tecnología del rastreo, si es asequible, constituye un paso sensato y proactivo.

16

Las sanciones de tráfico pueden servir como herramientas de aprendizaje

Imagínese lo siguiente: su adolescente, después de tener su licencia durante varios meses, recibe una sanción de la policía por infringir alguna de las leyes para conductores adolescentes, ya sea por exceso de velocidad, llevar pasajeros de forma ilegal, conducir después del toque de queda, usar el celular mientras maneja o cometer una infracción de tránsito. Su adolescente argumenta que no cometió ninguna infracción, o que la policía se equivocó, o que había personas que conducían peor pero que la policía lo eligió solo por el hecho de ser adolescente. O que el auto de la policía estaba escondido detrás de un árbol o un cartel, esperando para atrapar a alguien. "¡No es justo!", implora su joven conductor. Este ha sido su primer encuentro directo con la policía.

Que un conductor adolescente reciba una sanción implica tres cuestiones para los padres o guardianes y el adolescente. Primero, los padres y el adolescente deben hablar detalladamente de lo que pasó (una vez superadas las excusas iniciales). En segundo lugar, el adolescente y los padres deben decidir si van a impugnar la sanción o bien van a aceptar las consecuencias: pagar una multa, adquirir puntos en el historial o recibir una suspensión de la licencia. En tercer lugar, los padres y el adolescente deben decidir *cuándo* van a responder.

La tercera decisión es importante. Se rige por el hecho de que casi siempre hay un plazo administrativo entre el momento en que la policía impone la sanción y el gobierno procesa la respuesta del conductor o el tribunal fija una fecha para la audiencia.

Cada estado gestiona de forma diferente las sanciones por las infracciones de tránsito. Pueden pasar semanas e incluso meses entre que se impone una sanción a un conductor adolescente y este recibe el aviso de la penalización por la infracción o la fecha en que debe acudir al tribunal. Mientras tanto, a menos que los padres y el adolescente hayan firmado un acuerdo que imponga una suspensión inmediata, o los padres impongan una suspensión en ese momento, el adolescente podría seguir manejando.

Para los padres de un conductor adolescente, esta situación y estas decisiones (qué pasó, cómo hay que responder y cómo) constituyen una herramienta de aprendizaje muy importante. Lo que está en juego es el respeto que tiene su adolescente por la ley, en particular la que tiene que ver con el conductor adolescente, y el orden público. Es importante que comprenda el hecho de que su forma de conducir puede afectar la seguridad de docenas de otras personas. La manera en la que usted aborda cada una de estas cuestiones afectará la forma de conducir de su adolescente.

Esta preocupación por el comportamiento y orientación de los padres no es hipotética. En el 2007, Massachusetts adoptó un sistema de suspensión obligatoria de licencia para los adolescentes que infringían las leyes GDL. Para la primera ofensa, la suspensión era de 60 días y de ahí subía para los infractores reincidentes. Solo unos meses después de que el sistema se pusiera en marcha, los medios comenzaron a hablar de padres que se oponían firmemente a estas medidas. Gritaban a los fiscales y a los empleados del tribunal, y hacían todo lo posible por evitar que se suspendiera la licencia de su adolescente. Sin duda estos padres estaban enojados por la molestia que les suponía volver a llevar a su adolescente a la escuela y a sus actividades y de perder su nuevo servicio de recogida y entrega a domicilio. Pero lo que más impresión me hizo fue imaginarme cómo esos adolescentes observaban a sus padres mientras estos desafiaban y menospreciaban a la policía, los fiscales, los empleados del tribunal e incluso a los jueces.

Reconozco que la policía puede cometer errores, y que algunas veces utilizan técnicas que pueden parecer injustas, como las trampas de velocidad. La policía puede parecer arbitraria cuando pone sanciones a algunas personas mientras permite que otras queden impunes. Además, cuando un policía detiene a un conductor adolescente, podría crear la impresión de que se le persigue por su perfil, o sea, que lo detienen por su edad y no por su forma de manejar.

Pero volvamos ahora a la idea de la sanción como herramienta de aprendizaje y a las tres cuestiones: aunque los padres deben repasar con sus adolescentes los hechos que llevaron a la sanción, también deben reconocer que es relativamente raro que se pongan sanciones sin motivos. Una de las razones por las que podemos estar bastante seguros de que las sanciones que se ponen a los adolescentes se basan en hechos reales es que la policía generalmente tiene bastante más responsabilidades de las que puede atender; por tanto, pone sanciones cuando la mala conducta amenaza seriamente la seguridad pública.

Si damos por sentado que la mayoría de las sanciones tiene algún fundamento, podemos centrarnos en el punto clave: la reacción de un padre a una sanción recibida por su adolescente presenta una oportunidad crucial para reforzar varias lecciones de la conducción segura. Padres, por favor:

- no menosprecien las leyes para conductores adolescentes ni el cumplimiento de la ley;
- rechacen la insistencia de su adolescente en que el policía estaba equivocado o que era arbitrario, vengativo o estúpido;
- convenzan a su adolescente de que debe aceptar las consecuencias de sus acciones;
- no discutan con el fiscal ni con los empleados del tribunal acerca del comportamiento de su adolescente;

- no permitan que la incomodidad o el costo que les supone a ustedes interfieran con estas lecciones; y
- no esperen; asegúrense de que su adolescente aprenda la lección. No pidan al tribunal aplazamientos y no pongan excusas ("tiene un examen/partido/clase) que son insignificantes comparadas con la seguridad.

Otro aspecto menos aparente de la situación es el tiempo que puede pasar entre que su adolescente recibe la sanción y el momento en que el Departamento de Vehículos Motorizados o el sistema de tribunales impone la multa o la suspensión de la licencia. La mayor parte de los estados y algunas ciudades grandes tienen una oficina central de procesamiento. Cuando la policía da una sanción, se envía a esta oficina, la cual envía una notificación de la infracción a la casa del conductor adolescente. (La cuestión de si los padres de conductores adolescentes deben ser notificados inmediatamente de la sanción es un asunto administrativo interesante, aunque la mayoría de los estados no lo hacen.) Si el castigo es simplemente una multa monetaria, el adolescente puede pagar la multa y ya está o puede acudir al tribunal a impugnar la multa, lo cual puede resultar en una reducción o un trato con el fiscal. En algunos estados, si uno paga la multa es una admisión de mala conducta que resulta automáticamente en la suspensión de la licencia. Si el castigo es la suspensión de la licencia, el conductor puede aceptar la suspensión, enviar el acuse de recibo y aguantar el periodo de tiempo durante el cual su licencia está suspendida. También puede acudir al tribunal para intentar que se modifique o revoque la suspensión. Finalmente, en algunos estados, una sanción o una infracción repetida significa que el conductor adolescente debe hacer un curso de perfeccionamiento en el departamento de vehículos motorizados o en una escuela de manejo.

Pero aquí la pregunta es: ¿qué debe hacer un padre con su conductor adolescente *mientras* la policía, el departamento de vehículos motorizados, la agencia de procesamiento y el sistema judicial resuelven todo esto? En primer lugar, esta situación ilustra una de las ventajas claves de tener un acuerdo de conductor adolescente. Si los padres y el adolescente han negociado y firmado un acuerdo, allí tiene la primera respuesta: una suspensión inmediata de la actividad de conducir durante un periodo de tiempo, según se haya fijado en el acuerdo, independientemente de cómo y cuándo actúe el gobierno. (En mi modelo de acuerdo, esta suspensión inmediata se suma al castigo que impone el gobierno, por lo que la mala conducta tiene dos penalizaciones.)

En segundo lugar, la imposición de una sanción debería ser una fuerte señal de que un adolescente está en riesgo, sobre todo si la infracción fue por exceso de velocidad, llevar pasajeros ilegales, no llevar cinturón de seguridad, consumir alcohol o drogas u otra ofensa seria. En otras palabras, no permita que el hecho de que el gobierno tarde en imponer el castigo sea razón para que usted, como padre, no imponga su propia disciplina y ejerza la vigilancia adicional que este acontecimiento grave se merece.

La demora administrativa que podría seguir a la imposición de una sanción a un adolescente no debería ser causa para que los padres bajen la guardia. En todo caso, deberían subirla.

17

La compra del auto, el auto compartido y el ahorro de gasolina

Aunque el título de este capítulo podría sugerir que la elección de una marca o un modelo de auto en particular reduce de alguna manera los riesgos expuestos en capítulos anteriores, este no es el caso. Aquí, el único consejo que es congruente con el resto del libro es: *el mejor auto para un adolescente seguramente es ninguno.* Debo admitir, no obstante, que gran parte de este libro habla de aceptar la realidad a la vez que uno la maneja de forma proactiva, así que les voy a presentar algunas de las cosas que he aprendido acerca de este tema:

Esto no es una ciencia exacta, pero los autos con la mayor cantidad de elementos de seguridad son los mejores. Si busca un auto para un conductor adolescente, debería considerar las características siguientes:

- bolsas de aire (para el conductor, el asiento del copiloto, laterales y de cortina);
- calificaciones en las pruebas de choque;

- control electrónico de estabilidad y frenos antibloqueo (vienen de serie en los modelos del 2012)
- potencia (más de 300 caballos de fuerza se considera de "alto rendimiento" y es peligroso para los conductores sin experiencia);
- relación del peso del vehículo a su potencia (que algunos expertos dicen que debe ser menor de 15:1);
- calificaciones antivuelco (los vehículos todoterreno y las camionetas tienen centros de gravedad más altos, lo cual los hace más susceptibles de volcar);
- aceleración (para ir de cero a sesenta no debe tardar menos de ocho o más de once segundos);
- distancia de frenado;
- visibilidad total desde el asiento del conductor;
- cámara en el parachoques trasero;
- puertas con refuerzo de acero; y
- diseños y materiales hechos para absorber los choques.

La tecnología automovilística está en constante evolución y los fabricantes presentan nuevos elementos de seguridad cada año. Los sensores de parada automática y los reguladores de velocidad máxima son solamente algunos de ellos. Los expertos y los conductores deben evaluar estos nuevos mecanismos para ver si aumentan la seguridad y si merecen la pena o no. Mientras tanto, si está pensando en comprar un auto nuevo o usado para su adolescente, o permitir que su adolescente lo compre, el mejor consejo es esperar, y la segunda mejor opción es asegurarse de que el vehículo incluya la mayor cantidad de elementos de seguridad posible.

Los padres y adolescentes tampoco deben olvidar la importancia de llevar siempre en el auto un equipo con herramientas tradicionales (además de las necesarias para cambiar las llantas) y otros elementos para las emergencias y el mal tiempo. Este equipo debe incluir aceite adicional para el motor, líquido limpiador de parabrisas, cables de batería, un pequeño extintor de incendios, un medidor de presión para las llantas, una linterna, una pluma y un bloc de notas, un rascador de hielo, un cepillo, una pala y cinta plateada.

En cuanto a la compra de un auto para un conductor adolescente, Children's Hospital of Philadelphia (Hospital de Niños de Filadelfia, o CHOP por sus siglas en inglés), el cual considera como prioridad la investigación de la seguridad en la conducción adolescente, tiene un excelente sitio web acerca de este tema, que puede visitar en www.teendriversource.org. Uno de los estudios de CHOP ofrece evidencia estadística acerca de esta cuestión tan crítica para los padres de conductores adolescentes: *los adolescentes a los que se les permite tener su propio auto o ser el conductor primario de un auto tienen índices de choque más altos que los que comparten un auto con sus padres u otro miembro de la familia.*

En una publicación del año 2009, CHOP ofreció estas estadísticas (las cuales, dado todo lo dicho en este libro, se deberían considerar alarmantes):

- Casi tres de cada cuatro conductores adolescentes en Estados Unidos tienen "acceso primario" a un vehículo (lo cual entiendo que quiere decir que pueden manejar el auto cuando quieran, siempre que tengan las llaves y permiso; o sea, que no tienen que esperar hasta que otra persona no esté usando el vehículo).
- Los adolescentes con acceso primario a un auto manejan unas 6.6 horas y 200 millas por semana, mientras que los que comparten manejan 4.3 horas y 130 millas por semana.
- Los índices de choques para los adolescentes con acceso primario son más que el doble de los que dependen de un auto compartido.

El estudio del hospital recopila y presenta admirablemente el caso estadístico en contra de que los adolescentes tengan acceso primario a un auto, pero a mi modo de ver, las razones detrás de esta notable diferencia van más allá de lo que se puede demostrar estadísticamente. Cuando un adolescente comparte un auto con uno de sus padres, es probable que pasen las siguientes cosas positivas: que el padre vigile más de cerca si el adolescente utiliza el auto y cuándo lo hace; que el padre esté atento a la diferencia entre conducir en serio y conducir para divertirse; que el adolescente tenga que pedir las llaves al padre; que el padre tome una decisión más informada, basada en las circunstancias de cada día y cada caso, para determinar si es seguro que el adolescente conduzca; que el padre y el adolescente se pongan de acuerdo, aunque sea informalmente, en un plan de ruta y otros asuntos como pasajeros, hora de llegada, hora de llamar y hora de regresar; y que el padre y el adolescente consideren si está permitido que el adolescente conduzca en cada momento, según el acuerdo de conductor adolescente que ya hayan firmado.

Básicamente, parece que lo que ocurre cuando los adolescentes comparten el auto con sus padres es que esos padres tienen más motivos para ser proactivos que los de los adolescentes que tienen su propio auto, aunque solo sea por proteger el valor de su auto y su propia conveniencia. Por otra parte, los adolescentes no quieren tener que asumir las consecuencias de chocar con el auto de mamá o papá.

El estudio de CHOP es sencillo, claro y tiene sentido común: si usted compra un auto a su adolescente o le da acceso primario a un auto, las probabilidades de un choque, una lesión o incluso la muerte aumentan considerablemente. En cambio, obligar a un adolescente a compartir un auto hará que usted sea un padre más proactivo que supervisa mejor a su adolescente.

Luego está el tema del precio de la gasolina. En cuanto a la seguridad de los conductores adolescentes, esto es un arma de doble filo.

Durante los últimos años, los índices de choques entre los conductores adolescentes han bajado de forma moderada pero continua. Sin duda las leyes de la licencia de conducir gradual y la mayor atención de los padres son factores importantes, pero también han influido los precios más altos de la gasolina y la recesión económica. Evidentemente, cuanto más caro cueste manejar, menos millas maneja la gente, y sobre todo los conductores adolescentes y las personas cuyos ingresos son bajos. Como consecuencia, hay menos choques y menos muertes en la carretera. Por otra parte, en estos tiempos de dificultades económicas, hay menos trabajos para adolescentes y, como resultado, los adolescentes pierden una fuente importante de dinero para comprar gasolina. Más escasez de trabajos para los adolescentes y menos ingresos significan menos adolescentes detrás del volante y menos choques y lesiones.

El elevado precio de la gasolina también tiene el efecto positivo de que los adolescentes conduzcan más en serio y menos para divertirse. Muchos padres restringen el uso del auto por razones económicas, y no solo por motivos de seguridad, cuando se trata de que los adolescentes usen el auto para pasear con sus amigos. Así, los precios más altos de la gasolina tienen el efecto de reducir esta forma de conducir —sin propósito, sin ruta fija ni horario y sin consecuencia por llegar tarde— que está entre las más peligrosas para los adolescentes.

Por otra parte, el alto precio de la gasolina tiene desventajas también. La primera es que los adolescentes practican menos detrás del volante, ya que la instrucción misma resulta más costosa. Otra desventaja es que los padres están más dispuestos a desobedecer las normas o incluso infringir las leyes estatales de conducción. Las restricciones de pasajeros tienen un costo: cuando la gasolina es cara, los padres tienen otra excusa para permitir que viajen hermanos y otros pasajeros ilegales cuando conduce el adolescente, aunque estén infringiendo la ley. Paradójicamente, en estos casos, el precio de la gasolina impide que se cumpla el tiempo de práctica que promueven las leyes para conductores adolescentes. Además, puede hacer que los padres den un mal ejemplo al permitir que los adolescentes manejen en situaciones ilegales.

El tercer resultado significativo de esta subida para los conductores adolescentes es la tendencia a dividir los costos de la gasolina con sus pasajeros. Como hemos visto claramente de los estudios llevados a cabo, los índices de choques suben considerablemente con cada pasajero adicional que no es ni instructor ni adulto supervisor. Por otra parte, con el precio de la gasolina a $4.00 el galón o más, y sobre todo para los adolescentes que usan el auto cada día para ir a la escuela, a un trabajo, para hacer servicio comunitario o asistir a algún evento, resulta tentador dividir los gastos con pasajeros, aunque sean ilegales y peligrosos.

Los altos precios de la gasolina obligan a cada familia a tomar decisiones difíciles acerca de asuntos importantes, como, por ejemplo, su lugar de residencia con relación a sus trabajos, escuelas, servicios y comercios. Sin embargo, por difíciles que sean estas decisiones, para los padres de adolescentes que ponen la seguridad por encima de los costos, las opciones están claras:

- utilice los precios de la gasolina para ayudar a su adolescente a darse cuenta de que conducir puede ser costoso;
- piense que, si el alto costo de la gasolina significa que los adolescentes conducen menos, las carreteras serán más seguras;
- no se deje llevar por la tentación de usar los elevados precios de la gasolina como excusa para infringir las leyes para conductores adolescentes;
- reconozca que los altos precios de la gasolina dan a los padres otra buena razón para decir que no a los adolescentes que quieren conducir por diversión; y
- comprenda que, cuando se calcula el costo de la gasolina frente a la posibilidad de una lesión o incluso la pérdida de la vida, simplemente no hay comparación.

La distracción al volante: celulares, "autos conectados", GPS y auriculares

La distracción al volante por culpa del uso de aparatos electrónicos es un tema candente en nuestro país. El gobierno federal, los defensores de la seguridad vial, las escuelas, las compañías de seguros e incluso los abogados especializados en lesiones personales la ven como un peligro que va en aumento.

Distraerse al volante no es lo mismo que conducir bajo los efectos de sustancias dañinas. Las distracciones son actividades o aparatos que desvían la atención de un conductor que, por lo demás, está alerta. Conducir bajo los efectos del alcohol o las drogas o en estado de fatiga afectan de forma continua la habilidad física y mental del conductor a la hora de operar un vehículo y responder a la situación del tráfico, incluso cuando se esfuerce en prestar la máxima atención.

Los padres de conductores adolescentes deben saber tres cosas acerca de la distracción al volante: qué es, por qué es tan peligrosa y qué reglas deben establecer y tratar de hacer cumplir con sus adolescentes.

Una forma común de definir la distracción es: cualquier cosa que nos haga quitar las manos del volante, los ojos de la carretera o alejar la mente de las condiciones de conducción. Los dos primeros son fáciles de entender: darse la vuelta para intentar agarrar algo del asiento de atrás o tratar de leer un mapa mientras se maneja son distracciones comunes. El tercero es más sutil. Está científicamente demostrado que cuando los conductores, sean de la edad que sean, participan en una conversación mientras conducen, hasta una tercera parte de su funcionamiento cerebral se desvía, y no analizan igual las condiciones de la carretera. Dicho de otra forma, hablar mientras se maneja, incluso a un pasajero, desvía hasta cierto punto la atención del conductor. Lógicamente, las conversaciones acerca de asuntos emotivos o inquietantes son las que más distraen. El término técnico que describe el hecho de conducir con los ojos abiertos y las manos en el volante pero con la atención disminuida a la hora de observar las circunstancias de la carretera es "ceguera cognitiva".

El mayor peligro de conducir distraído es que reduce o elimina el tiempo de reacción que necesita el conductor para evitar un choque. Cuando va a 30 millas por hora (mph), un auto viaja 143 pies en tres segundos. A 60 mph, se trata de 286 pies, casi la extensión de un campo de fútbol. Evitar un choque requiere tres pasos: (1) comprender el peligro; (2) ejecutar una maniobra para evitarlo; y (3) reducir la velocidad o detener el vehículo. En muchos casos, para un conductor que está alerta y receptivo, cada uno de los dos primeros pasos toma aproximadamente un segundo. El tercero depende de la velocidad, el peso del vehículo y las condiciones de la carretera, pero normalmente toma varios segundos. De este modo, si un conductor está distraído durante solamente tres segundos, su auto, si viaja a 60 mph, cubre la extensión de un campo de fútbol sin que él tenga la oportunidad de tomar siquiera el primer paso para evitar un choque.

Es imposible insistir lo suficiente en la importancia de que los padres avisen y enseñen a sus adolescentes acerca de los peligros de la distracción al volante. *La distracción y la falta de atención, igual que la velocidad, el alcohol o los pasajeros, son las causas principales de los choques entre los conductores adolescentes.* Según un estudio reciente de

NHTSA, muchos adolescentes ni siquiera comprenden el peligro. Casi el 30 por ciento de los adolescentes encuestados considera que no es peligroso quitar los ojos de la carretera durante hasta diez segundos. Los conductores adolescentes necesitan todas las habilidades visuales, manuales y cognitivas y todo el tiempo disponible para ayudarlos a apreciar la situación del tráfico y responder de forma apropiada. Por tanto, la regla para los adolescentes debería ser "ningún aparato electrónico de ningún tipo en ningún momento", sin excepciones. Dicho de otra manera: no deben utilizar ningún aparato electrónico, ya sea para enviar mensajes de texto, teclear, leer, ver videos o hacer llamadas, mientras el auto no esté estacionado.

Hay tres precauciones que debemos tener en cuenta cuando se trata de esta regla acerca de los aparatos electrónicos. La primera es que hay formas en las que los padres pueden averiguar si sus adolescentes están usando aparatos electrónicos, sobre todo un celular, mientras manejan. Una de las realidades de la tecnología actual es que deja una huella digital. Los adultos supervisores no deben dudar en consultar con su proveedor de servicio celular para hacer un chequeo del teléfono después de que su adolescente haya conducido, o al menos revisar el extracto mensual para ver el uso que ha hecho el conductor adolescente de su celular.

En segundo lugar, los padres deben entender que las leyes estatales de vehículos motorizados acerca del uso de aparatos electrónicos (tanto para conductores adolescentes como para adultos) varía de un estado a otro y a veces son difíciles de entender. Por ejemplo, muchas leyes estatales prohíben el uso de teléfonos celulares, pero permiten el uso de "aparatos de audio" mientras se maneja. En ese caso, ¿podría un adolescente usar un iPod, que es un aparato de audio, mientras maneja? La cuestión es que, cuando se trata de este asunto en particular, *los padres deberían hace caso omiso de la ley estatal y sus definiciones y excepciones, y simplemente imponer una regla que prohíba completamente los aparatos electrónicos.*

La tercera precaución es que los conductores adolescentes solamente deberían usar un aparato electrónico cuando han estacionado el auto. "Estacionar" significa que el auto está en "modo estacionamiento".

Un auto con el motor en marcha detenido por un pie en el freno sigue siendo un vehículo capaz de moverse y, por tanto, un peligro.

No tiene mucho sentido hablar aquí de aparatos específicos, como los que desactivan el celular y los mensajes de texto mientras un vehículo está en marcha. Escribir acerca de las tecnologías modernas significa que en poco tiempo la información será obsoleta; de hecho, una de los despropósitos de las leyes estatales que pretenden restringir o prohibir ciertos aparatos en los autos es que estas leyes se quedan rápidamente anticuadas. Es inútil analizar las características cambiantes de los aparatos que se pueden usar dentro de un vehículo. Lo único que yo pretendo aquí es hacer que los padres sean más conscientes de los riesgos añadidos que implican los aparatos electrónicos.

Supongo que las aplicaciones que desactivan los teléfonos celulares o sus funciones de texto mientras se conduce son útiles porque retrasan los comportamientos de riesgo, pero no debemos fiarnos de una tecnología cuya función es desactivar otra tecnología. Instalar tecnología y aplicaciones que desactiven el uso de los teléfonos celulares y los mensajes de texto mientras un auto esté en marcha es el equivalente de poner una bomba dentro del auto y luego dar al conductor una herramienta para desactivarla. Estas aplicaciones dan por supuesto que el adolescente enviará mensajes de texto mientras maneja, e intentan solucionarlo dándoles más tecnología que contrarreste el peligro creado por la anterior. *Los padres deberían plantearse si es buena idea que se ponga al volante en primer lugar un adolescente que probablemente vaya a enviar mensajes de texto mientras conduce.*

¿Es esto poco realista? Tal vez, pero lo que quiero decir es que las tecnologías utilizadas dentro de los vehículos para tratar de contrarrestar una actividad potencialmente mortal no tienen en cuenta que nuestra prioridad tiene que ser apartar a nuestros conductores noveles de los peligros inherentes; aceptarlos y después tratar de paliarlos es el siguiente paso, pero no debería ser el punto de partida.

En todo caso, enviar mensajes de texto requiere teclear o leer una pantalla mientras se conduce. Da igual el aparato en el que se teclee o si se teclea para hacer un uso interactivo de Internet o para enviar un mensaje a una persona. No importa si las letras y los números se teclean en un teléfono celular, una pantalla montada en el tablero o una computadora portátil. Marcar un número en un celular es una forma de teclear, y leer caracteres en una pantalla también distrae.

Enviar y leer mensajes de texto es la forma más peligrosa de distraerse al volante porque implica las tres actividades de más alto riesgo: quitar los ojos de la carretera, quitar al menos una mano del volante y alejar la mente de las condiciones de conducción.

Los investigadores de seguridad vial de Virginia Tech han calculado que un conductor (de cualquier edad) que teclea o lee mensajes de texto mientras maneja tiene veintitrés veces más probabilidades de chocar. La razón principal es que, *como promedio, se tarda unos cinco segundos en enviar un mensaje de texto, lo cual sobrepasa el tiempo de reacción mínima de tres segundos que se necesita para evitar un choque.*

Se han escrito volúmenes enteros sobre este tema. Los legisladores estatales y federales se han esforzado en definirlo, pero en realidad es muy sencillo: nadie debería teclear en un teclado o leer un mensaje en una pantalla mientras conduce. Nunca.

Aunque a menudo se describe este fenómeno como algo característico de adolescentes y jóvenes adultos, están surgiendo nuevas tecnologías que podrían distraer también a los conductores adultos. Los fabricantes de autos están sacando nuevos aparatos electrónicos, en su mayoría pantallas multiusos e interactivas que se montan en el tablero y que ofrecen no solo telecomunicaciones, navegación y sistemas de sonido, sino también productos electrónicos, entretenimiento visual y conexiones de Internet interactivo que permiten el uso de los medios sociales. La revista *Consumer Reports* denomina "autos conectados" a los vehículos que están equipados con tecnología interactiva. Un fabricante de autos ha anunciado que su objetivo es convertir el auto en un "iPhone sobre ruedas". Las funciones, sofisticación y disponibilidad de estos sistemas están limitadas solamente por la imaginación, la colaboración de ingenieros de la industria del automóvil y las preferencias y los presupuestos de los consumidores, pero al parecer no cabe duda de que: la ubicación será el tablero, las pantallas grandes serán la instalación básica, las funciones interactivas que distraen al conductor serán la norma y los choques y las muertes evitables serán el resultado.

No es mi cometido tratar de adivinar exactamente cómo serán estas innovaciones. La cuestión es que, mientras llegan más y más resultados de las investigaciones sobre los peligros de distraerse al volante, las empresas fabricantes de electrónica y de autos se apresuran a incorporar nuevas funciones que sin duda comprometerán la seguridad.

Aparentemente, la excusa universal de los fabricantes es que solo responden a la demanda de los consumidores y que la seguridad es "una cuestión de responsabilidad individual". En otras palabras, si su auto viene equipado con un tablero que tiene una pantalla que le permite abrir un navegador, buscar el restaurante más cercano y ver qué platos y servicios ofrece, todo mientras usted conduce, simplemente depende de usted hacerlo de la forma más responsable y segura posible.

El error de este razonamiento, claro está, es que conducir, más que ninguna otra actividad en nuestra sociedad, implica la seguridad de los demás. En ninguna otra actividad pone una persona en peligro a tanta gente de forma aleatoria solo por el hecho de quitar los ojos de la carretera para mirar una pantalla o utilizar un teclado.

Por tanto, existen actualmente en nuestro país, de forma simultánea, esfuerzos por mejorar la seguridad a la vez que se trabaja por incorporar nuevas tecnologías en los autos que causarán más de las muertes y lesiones graves que tanta gente trata de evitar. Las distracciones debidas a los aparatos electrónicos se están convirtiendo rápidamente en un problema no solo para los conductores jóvenes, sino también en un fenómeno entre los conductores adultos. Los padres de conductores adolescentes deben tener en cuenta las implicaciones de esta tendencia: *los padres son modelos a seguir, y a los que usan los ojos y los dedos para navegar en Internet mientras manejan les será mucho más difícil convencer a sus adolescentes de los peligros de enviar mensajes de texto.*

Y esto nos lleva al aparato más problemático para los conductores adolescentes: el sistema de posicionamiento global, o GPS por sus siglas en inglés. Una vez me llamó el dueño de una escuela de manejo y me contó que el padre de uno de sus alumnos adolescentes insistió en que, a pesar de que la ley estatal prohíbe el uso de cualquier "aparato electrónico móvil", el GPS está exento de dicha prohibición o debería estarlo. Pidió mi ayuda para poder darle una respuesta.

Lo que parecía una pregunta sencilla resultó ser bastante compleja. Supongo que debería haberme dado cuenta de que no era fácil por el hecho de que mis dos primeras reacciones —y tal vez las suyas también— fueron contradictorias. Por un lado, un GPS nos ayuda a encontrar el camino y, por tanto, es una medida de seguridad. ¿Qué puede haber de malo en ello? Por otro lado, un GPS es un aparato electrónico con pantalla y teclado, o sea, justamente el tipo de distracción que puede causar choques. No puede ser ambas cosas, pensé.

Muchas leyes para conductores adolescentes prohíben el uso de "cualquier equipo electrónico portátil", lo cual incluye cualquier aparato para enviar textos, bíper, asistente digital personal, computadora portátil o consola de videojuegos. Sin embargo, a veces estas definiciones excluyen los aparatos que "se instalan con el fin de asistir en la navegación".

Un GPS "asiste en la navegación", ¿verdad? Pero el uso de aparatos electrónicos que distraen al conductor está estrictamente prohibido. Entonces, si un conductor adolescente quita los ojos de la carretera para teclear una dirección en el GPS, ¿está infringiendo la ley?

Parece ser, al menos en algunas leyes estatales, que el GPS no está entre los aparatos electrónicos prohibidos a los conductores adolescentes. Pero veamos nosotros, como padres e instructores de conductores adolescentes, si el uso del GPS es buena idea, esté prohibido o no.

Los GPS son unos aparatos asombrosos que nos dirigen hacia nuestro destino y determinan la ubicación de nuestro vehículo. Sus ventajas, en cuanto a seguridad, pueden ser considerables para los conductores, los socorristas de emergencias y los oficiales de policía. Sin embargo, usted debería considerar también estas desventajas:

- A menos que el GPS se active por voz (algunos sí tienen esta característica, pero según entiendo, son pocos en este momento), para usarlo es necesario teclear una dirección, lo cual es exactamente igual de peligroso que escribir mensajes de texto si se hace mientras el auto esté en marcha.

- Un GPS tiene pantalla, que sin duda lo distrae a uno de la carretera que tiene delante.
- Un GPS no es infalible, por supuesto, y tal vez lo único más peligroso que un conductor adolescente es un conductor adolescente confundido o perdido.
- Los comandos de voz del GPS nos indican dónde y cuándo debemos girar, pero de alguna manera podrían dar la impresión de que es seguro girar, aun cuando esto no sea cierto. En otras palabras, a mí me preocupa que un conductor adolescente pueda entender que el comando de voz del GPS (por absurdo que parezca) le esté diciendo que puede girar con toda seguridad, como si el GPS conociera la situación del tráfico en ese momento.
- Sencillamente, un conductor adolescente todavía está aprendiendo a conducir, y un GPS es una cosa más de la que se tiene que preocupar.

Considerando todo lo anterior, aquí ofrezco algunas recomendaciones a los padres que estén tratando de decidir si su conductor adolescente debe usar un GPS:

- En general, por las razones enumeradas más arriba, los conductores adolescentes deben evitar el uso del GPS, a ser posible, incluso si es legal.
- No permita que el GPS se convierta en motivo para dejar de hacer algo muy importante cada vez que su adolescente se vaya a poner detrás del volante: planear la ruta prevista. Dicho de otra manera, en ningún caso debe pensar que el uso del GPS es razón para dejar que su adolescente suba al auto y vaya a un lugar desconocido sin planear la ruta, aunque la voz del GPS le dé indicaciones.
- Si su adolescente tiene intención de usar un GPS, haga que su uso forme parte de la instrucción supervisada que vaya a recibir. No permita que el adolescente utilice un GPS por primera vez cuando comience a manejar sin supervisión.

- Haga entender a su adolescente que, si va a usar un GPS, es imprescindible que teclee la dirección antes de que el auto esté en marcha, y si hay que cambiar la dirección, el adolescente debe salir de la carretera y estacionarse en un lugar seguro.

En realidad, ni siquiera tendríamos que estar debatiendo si un adolescente debe usar un GPS o no. Es sorprendente que las leyes para conductores adolescentes no prohíban el uso de los GPS, como aparatos electrónicos móviles que son, y que tampoco estén prohibidos por las leyes en contra del envío de mensajes de texto (para todos) puesto que nos ayudan a navegar. Pero el hecho de que el GPS sea legal no significa que no aumente los peligros de la conducción adolescente, que ya de por sí son considerables.

Finalmente, no debemos olvidar que no oír bien cuando manejamos también es una forma de distraerse al volante. Ahora que proliferan los iPads, teléfonos inteligentes y otros aparatos similares, se ven con más frecuencia conductores (sobre todo jóvenes) que llevan auriculares mientras conducen, ya sean los pequeños de plástico o caucho que van dentro del oído o los que cubren el oído y están diseñados para bloquear el ruido de fondo. Yo no me había dado cuenta de las implicaciones de esta tendencia hasta que vi a una señorita que ni siquiera oyó la sirena de la ambulancia que tenía detrás de ella porque iba escuchando su iPod con los auriculares puestos. A principios del 2012, hubo dos choques en los que murieron dos conductores adolescentes porque llevaban auriculares y no oyeron que venía un tren al cruzar un paso a nivel. El peligro es real. Los oídos forman parte de nuestro equipo de seguridad y no deben ser bloqueados.

Según el resumen que publica AAA de las leyes estatales de vehículos motorizados, solo unos pocos estados prohíben el uso de los auriculares mientras se conduce. De hecho, en la mayoría de las leyes sobre la distracción al volante, se excluye específicamente el "audio", y el uso de un iPod u otro aparato similar para escuchar música, recibir clases de idiomas, escuchar un audiolibro, etc. parece ser perfectamente legal. Tener una discapacidad auditiva no impide que alguien obtenga su licencia de conducir y, de hecho, existen programas para ayudar a los conductores que tienen pérdida de audición biológica a hacer frente a su condición.

Pero, ¿no se debería reconocer que conducir con auriculares es una forma peligrosa de distracción y tratarla como tal, tanto para los conductores adolescentes como para los demás? Para poder responder, primero póngase unos buenos auriculares, del tipo que cubre los oídos por completo y están hechos para bloquear todos los demás sonidos. Son muy eficaces (y bloquean bastante más que el equipo de audio de un auto a todo volumen). Después, considere que la música, si se escucha a un volumen moderado o alto, también bloquea los sonidos exteriores. *La capacidad auditiva es esencial para poder evitar choques y, por tanto, llevar auriculares mientras se conduce reduce el tiempo de reacción.* Estoy seguro de que cualquier conductor con experiencia podrá recordar muchas ocasiones en las que una sirena, un estruendo, un estallido o algún otro ruido fueron su primera advertencia de una situación peligrosa, tal vez incluso su único aviso para poder evitar un choque.

Los padres de conductores adolescentes, por tanto, deben tener en cuenta esta precaución sencilla, obvia e importante: no permita a su adolescente llevar auriculares mientras conduce. Bloquear deliberadamente la audición mientras se maneja es claramente una pésima idea. La reducción o pérdida de audición es una forma de distraerse al volante porque reduce el tiempo de reacción a las circunstancias que podrían causar un choque o el tiempo necesario para evitarlo. Y tenga en cuenta que, en lo que se refiere a este tipo de distracción, los padres en muchos casos no tendrán la ley estatal para apoyarlos; muchas veces deben actuar por su cuenta para imponer esta limitación.

Los conductores adolescentes deberían ser todo oídos, y los padres deben asegurarse de que así sea.

19

Manejar bajo la influencia del alcohol o las drogas o en estado de fatiga

Ante todo, debemos distinguir entre manejar bajo la influencia de sustancias dañinas o en estado de fatiga y manejar distraído. Cuando hablamos de distraerse al volante, damos por supuesto que la concentración, el juicio, la coordinación y el tiempo de reacción del conductor adolescente son óptimos, tanto física como mentalmente. Una distracción, ya sea un mensaje de texto, la conducta de un pasajero o algo que ocurre fuera del auto, es una interrupción momentánea de la atención del conductor a la situación del tráfico. Conducir bajo la influencia de sustancias dañinas o en estado de fatiga, por otra parte, supone una condición física o mental que de forma continua, durante varias horas, ralentiza o interfiere de alguna manera con la respuesta mental, y por tanto también física, del conductor a la situación del tráfico. De este modo, la privación de sueño, la intoxicación o el estar bajo la influencia de drogas elevan directamente los riesgos de conducir, no solo porque interfieren en la capacidad del conductor para dar los tres pasos necesarios para evitar un choque (comprensión/reacción/desvío o frenado del auto), sino también porque el conductor no puede recuperar estas funciones con una acción sencilla, como apagar el teléfono celular.

La privación de sueño y la fatiga, claro está, son difíciles de supervisar. Es bien sabido que los adolescentes necesitan más horas de sueño que los adultos; en este sentido, muchas escuelas secundarias en nuestro país han ajustado la hora de comienzo de las clases como respuesta a esta realidad científicamente documentada. Ver un adolescente soñoliento no es nada inusual. Por supuesto que no existen leyes que requieran a los conductores adolescentes dormir cierto número de horas antes de conducir. Aparte del beneficio secundario que suponen las restricciones nocturnas, las leyes de la licencia de conducir gradual no ayudan con la fatiga. *Por consiguiente, es sumamente importante que los padres y los adultos supervisores se aseguren de que sus conductores adolescentes hayan dormido lo suficiente cada día, e incluso dos veces al día.* En este sentido, los padres van a ser los que más frecuentemente tengan que usar su juicio para tomar decisiones basadas en hechos que no siempre están claros (y las bebidas energéticas no son la respuesta).

Las drogas son la categoría intermedia, ya que, aparte de las drogas ilegales, hay una gran variedad de medicamentos que toman millones de adolescentes actualmente y que son perfectamente legales, pero cuyo impacto sobre las capacidades de manejo puede ser beneficioso, neutro o dañino. Podría decirse que un estimulante hace que un conductor esté más alerta, mientras que un sedante podría disminuir su ansiedad. Quizá lo más que se puede decir acerca de las drogas es que los padres y los adultos supervisores deben evaluar detenidamente, y con la ayuda de un médico, los posibles efectos de los medicamentos con o sin receta sobre la conducción, y tener tolerancia cero con el uso de drogas ilegales mientras se maneja.

En cuanto al alcohol, la buena noticia es que la concienciación pública está a años luz por encima de lo que estaba hace solamente una década. En el 2012, los Centros para el Control y Prevención de Enfermedades informaron que el porcentaje de adolescentes que condujeron bajo la influencia del alcohol había bajado del 20 por ciento en 1991 al 10 por ciento en el 2011. (Sin embargo, parte de este "progreso" se debe al hecho de que los adolescentes conducen menos por culpa de los altos precios de la gasolina.) La mala noticia es que el 30 por ciento de las muertes de conductores adolescentes siguen estando relacionadas con el alcohol, y de esas muertes aproximadamente el 70 por ciento son de chicos. Además, aunque solo sean un 10 por ciento, eso significa que hay más de un millón de adolescentes que conducen después de haber bebido.

Para prevenir el consumo de alcohol entre los menores de edad, lo mejor que puedo recomendar es el programa Power of Parents (El poder de los padres) de Mothers Against Drunk Driving (Madres en Contra de Conducir en Estado de Ebriedad, o MADD por sus siglas en inglés). Este programa ofrece herramientas basadas en la investigación para que los padres puedan hablar con sus adolescentes acerca del alcohol. Si quiere saber más, visite madd.org/powerofparents.

Aparte de esto, ofrezco esta lista con mis mejores consejos:

- Asegúrese de que su adolescente sepa que es ilegal que beba cualquier persona menor de veintiún años y que es ilegal que los adolescentes conduzcan cuando beben.
- Entienda que, de la misma manera que lo hace con sus hábitos de conducir, usted sirve de modelo a su adolescente si bebe o toma drogas.
- Esté en contacto cercano con otros padres o adultos que supervisan o deberían supervisar a su adolescente.
- A la hora de negociar y firmar un acuerdo de conductor adolescente, tome su tiempo para hablar del párrafo acerca de la tolerancia cero del consumo de alcohol y drogas.
- En cuanto a la fatiga, deje muy claro que la estipulación que permite a los padres decidir diariamente si el adolescente puede conducir se refiere especialmente a si usted piensa que ha descansado lo suficiente.
- Hable con su adolescente acerca qué puede decir para bajarse de un auto cuyo conductor está ebrio, como, por ejemplo: "Por favor, ¿podrías detener el auto y dejarme bajar? Estoy a punto de vomitar".

- Tal como menciono en mi modelo de acuerdo de conductor adolescente, haga hincapié en el párrafo que dice que "podré llamar en cualquier momento para pedir un transporte seguro y así evitar una situación peligrosa" y "las razones por las cuales pido este transporte no constituirán una violación de este Acuerdo".

Los desafíos planteados por el alcohol, las drogas y la fatiga están inextricablemente ligados a numerosos aspectos de ser padres, pero hay mucho más en juego cuando se trata de manejar ebrio, drogado o somnoliento.

20

¿Qué pueden hacer las escuelas?

Aunque muchos padres dan por supuesto que conducir por la noche y con mal tiempo es lo más peligroso para los conductores adolescentes, existe bastante investigación que demuestra que, en realidad, las horas justo después de terminar la escuela son también muy peligrosas, y tal vez incluso las más peligrosas. Si lo pensamos, esto tiene sentido. Los adolescentes que salen de la escuela en auto son los que más probablemente lleven pasajeros ilegales que los distraigan. Es muy probable que salgan con prisa. A menudo se dirigen a casa de un amigo o a un restaurante de comida rápida, por lo que conducen más bien para divertirse. Cuando salen de la escuela, también es posible que los adolescentes se sientan fatigados.

Si este fenómeno es cierto, entonces las salidas de la playa de estacionamiento de una escuela secundaria se podrían considerar una especie de zona cero para la conducción adolescente segura, un lugar en el que el tiempo y esfuerzo usados en vigilancia y cumplimiento reportarán beneficios en seguridad. Entonces, ¿qué pueden hacer las escuelas para convertir estas salidas en una especie de control para los conductores adolescentes?

Una posibilidad es la señalización. Y no se trata simplemente de la señal típica de "abróchense el cinturón" sino de señales que transmitan un mensaje más fuerte. Lo mejor que he visto hasta ahora ha sido un grupo de cuatro señales, suficientemente grandes como para que los adolescentes no pueden dejar de verlas ni ignorarlas, que transmiten estos mensajes, en el orden siguiente:

¿Preparado para conducir—sin distracciones?

¿Ningún pasajero ilegal?

¿Cinturones abrochados?

¡Fantástico! Hasta mañana.

Si el presupuesto de la escuela no tiene recursos para hacer señales como estas, tal vez la asociación de padres y maestros o incluso la clase de taller podrían ayudar.

Otra posibilidad sería una inspección de los autos que salen del estacionamiento. Podría ser un control oficial montado por la policía o un oficial de relaciones con la comunidad, pero también lo podría hacer un grupo de estudiantes, la asociación de padres y maestros o unos padres voluntarios. El control podría consistir simplemente en un aviso a los infractores, sobre todo con respecto a los pasajeros, pero si la escuela se toma en serio el cumplimiento, también podrían anotar las matrículas de los infractores y luego imponer algún tipo de consecuencia, como perder una etiqueta adhesiva para el estacionamiento o algún privilegio escolar durante algún tiempo, por ejemplo.

Las cámaras de vigilancia son otra opción. Lo cierto es que muchas ciudades y pueblos están instalando este tipo de cámara actualmente en lugares de tráfico intenso para que los conductores sepan que las infracciones se anotarán y se castigarán. ¿Por qué no se hace algo similar en los estacionamientos escolares? El peligro está documentado, por tanto el costo debería ser justificable.

Hace poco asistí a una reunión de dueños de escuelas de manejo durante la cual alguien apuntó que los días en los que es más probable que los conductores adolescentes salgan de las playas de estacionamiento escolares con pasajeros ilegales son los de salida temprana inesperada, sobre todo cuando viene una tormenta de nieve. En estos días, los padres, guardianes y otros adultos que deben transportar a los adolescentes a casa a veces no pueden llegar, por lo que los adolescentes se van con otra persona que pueda llevarlos rápidamente, aunque no sea legal ni seguro. Quizá sería buena idea acompañar cada anuncio de salida temprana con un recordatorio diciendo que llegar a casa pronto para evitar una tormenta no es razón para violar las leyes para conductores adolescentes acerca de la seguridad y los pasajeros.

Las escuelas y las organizaciones de padres también pueden colaborar intentando y facilitando que se compartan vehículos con conductores adultos para evitar que los adolescentes conduzcan de forma arriesgada con pasajeros. Después de transportar a los niños a la escuela, a menudo en autos compartidos, o ponerlos en autobuses desde el jardín de infancia, los padres tienen una tendencia casi subconsciente de permitir que otros adultos se hagan cargo de ellos. Sin duda, la comodidad de los padres (y tal vez el hecho de poder dormir más) sirve de motivación. Pero los padres deberían darse cuenta de que no es necesario que renuncien a este papel, y pueden volver a asumirlo para evitar las situaciones de más alto riesgo, como el mal tiempo y el transporte nocturno. La comodidad de dejar que los adolescentes conduzcan no debería impedir el uso de autos compartidos conducidos por los padres si esta opción es más segura.

¿Qué más pueden hacer las escuelas para promover la seguridad en la conducción adolescente? National Organizations for Youth Safety (Organizaciones Nacionales para la Seguridad Juvenil o NOYS por sus siglas en inglés) promueve varios programas innovadores, entre ellos *Act Out Loud* (Actúa en voz alta) y *Grim Reaper Day* (Día de la parca). Aquí hay algunas ideas más:

- formar un grupo de concienciación de la conducción adolescente segura con estudiantes, padres y profesores;
- hacer anuncios de interés público acerca de la seguridad de los conductores adolescentes por medio del sistema de megafonía de la escuela;
- patrocinar una competición de video o cartel en toda la escuela;
- colgar un cartel a favor de la conducción adolescente segura en un lugar estratégico;
- organizar una Noche de Conducción Adolescente Segura con representantes de los servicios médicos de emergencia y la policía;
- programar anualmente un Día de Concienciación sobre la Conducción Adolescente Segura;
- incluir el tema de la conducción adolescente segura en el programa de estudios de la salud o el bienestar;
- invitar a ponentes que pueden contar historias personales emotivas (ver la descripción de Mourning Parents Act o Los Padres en Duelo Actúan en el capítulo 11); y
- hacer un concurso de ensayos en una publicación escolar.

Estos son algunos pasos proactivos que las escuelas pueden dar, pero hay una costumbre que existe en las escuelas desde hace tiempo y que se debería cambiar. Cada verano, la mayoría de las escuelas secundarias envían formularios a los padres y guardianes en los que piden permiso para transportar a los alumnos a las actividades escolares. Normalmente, este formulario hace preguntas de este tipo:

☐ Sí ☐ No Doy permiso para que mi estudiante maneje a la escuela y de vuelta a casa.

☐ Sí ☐ No Doy permiso para que mi estudiante vaya en auto a eventos/actividades fuera de la escuela con otros estudiantes como conductores.

☐ Sí ☐ No Doy permiso para que mi estudiante lleve en su auto a otros estudiantes a eventos/actividades fuera de la escuela.

Normalmente estos son los únicos contenidos del formulario, aunque a veces también preguntan si el estudiante está autorizado a llevar a un hermano a la escuela en auto, y otras veces piden al padre/guardián que confirme que el auto que el estudiante conducirá está asegurado.

Estos formularios causan problemas por varios motivos:

- las horas más peligrosas para los conductores adolescentes son las horas inmediatamente después de terminar la escuela;
- estos formularios, si se contesta que sí, permiten que su conductor adolescente, con la bendición de la escuela, viaje como pasajero con un conductor desconocido para usted, y posiblemente con otros estudiantes en el auto;
- rara vez hacen mención de las leyes estatales para conductores adolescentes y las restricciones de pasajeros;
- pueden dar la impresión de que los eventos/actividades fuera de la escuela constituyen excepciones a las leyes para conductores adolescentes y las restricciones de pasajeros; y
- estos formularios no solo fomentan sino que autorizan una práctica que sabemos que es peligrosa: que los adolescentes conduzcan con pasajeros.

¿Por qué las escuelas utilizan estos formularios? Sin duda para ahorrar dinero en transporte y gasolina. Tal vez también porque llevan décadas usando el mismo formulario. ¿Por qué los padres responden que sí? Bueno, los formularios vienen de la escuela, así que alguien habrá decidido que es seguro que los estudiantes vayan en auto con otros estudiantes, ¿verdad?

Para ser justos, habría que reconocer que hay un aspecto de los viajes autorizados por estos formularios que tiene un riesgo más bajo. Seguramente podemos considerar a un estudiante llevando a otro estudiante en su auto como una forma de conducir con un propósito. Pero esto es lo único positivo de una práctica que, por lo demás, es peligrosa.

¿Qué deberían hacer las escuelas y los padres? La opción más segura sería simplemente no permitir que los estudiantes de escuela secundaria lleven a otros estudiantes a los eventos escolares en su auto. Si hace falta transporte, se deberían utilizar autobuses o los padres/guardianes deberían ser los conductores. Aparte de esta prohibición total, las escuelas podrían:

- recordar a los padres en estos mismos formularios las reglas sobre pasajeros de su estado (por ejemplo, "Nuestro estado prohíbe que los conductores adolescentes lleven pasajeros que no sean miembros de su familia durante un año después de obtener la licencia");
- informar a los estudiantes y a los padres de forma individual y para cada evento de cuándo su transporte a un evento escolar se llevará a cabo por un conductor adolescente;
- pedir a los entrenadores y a otros supervisores de actividades, como los eventos deportivos, que tienen lugar antes o después de la escuela, o cuando no hay escuela, que se aseguren de que todos los estudiantes tienen un transporte seguro a casa;
- prohibir que cualquier adolescente que haya recibido una multa, citación o suspensión de licencia lleve a otros estudiantes en su auto (esto, claro está, requiere que el adolescente o los padres notifiquen a la escuela);
- hacer que cada conductor adolescente firme una versión escolar del acuerdo de conductor adolescente, en el que se comprometa a conducir de forma segura (por ejemplo, que no utilizará aparatos electrónicos cuando transporte a otros estudiantes); y
- recordar a cada estudiante que vaya a ser pasajero de un conductor adolescente la importancia de un auto libre de distracciones y el uso de los cinturones de seguridad, y que puede abandonar el auto en caso de que el conductor maneje de forma insegura.

Finalmente, las escuelas pueden jugar un papel a la hora de transmitir información sobre sus alumnos. Hace tiempo que las empresas, los gobiernos y las escuelas entendieron que una forma de promover el cumplimiento de las reglas es poner a la gente en evidencia: o bien publicar una lista de los que han seguido las reglas (refuerzo positivo) o hacer públicos los nombres de los infractores. Muchas empresas publican los nombres de los empleados que tienen un registro perfecto de asistencia. Los gobiernos publican listas de las personas que tienen atrasos en sus pagos de impuestos sobre la propiedad. Las escuelas imprimen sus listas de honor en periódicos locales. Los periódicos reimprimen los registros policiales. El reconocimiento público es un incentivo para hacer lo correcto, mientras que una llamada de atención pública puede ser un poderoso motivo de disuasión.

En los viejos tiempos —la década de 1990 y anteriores—, estas listas se publicaban en los periódicos escolares y se colgaban en los tablones de anuncios de la escuela, pero en años recientes, por supuesto, se publican en los sitios web. La mayor parte de las escuelas secundarias en Estados Unidos tiene al menos un modesto sitio web. ¿Por qué, entonces, no podemos usar estos sitios web para promover una conducción segura entre los adolescentes? Los sitios web podrían anunciar y promover todos los eventos de conducción segura enumerados anteriormente. No obstante, mi sugerencia aquí es que los sitios web sirvan para algo más que para publicar mensajes informativos. Sugiero que se utilicen para destacar candelero a cada uno de los estudiantes que ha tenido su licencia suficiente tiempo para poder llevar pasajeros de forma legal.

¿Y qué pasa con la carga administrativa de hacer y mantener la lista? Lo más seguro es que algún empleado necesite unas horas para hablar con padres y alumnos para poder elaborar la lista inicial y unos minutos de vez en cuando para ponerla al día, aunque no creo que requiera mucho tiempo. En todo caso, los beneficios en cuanto a la seguridad de los alumnos y mayor tranquilidad de los padres harán que valga la pena. Además, sospecho que los alumnos, y tal vez incluso los padres, llegarán a considerar que añadir un nombre a la lista es una especie de mini graduación, una forma de anunciar que el adolescente

X ha avanzado otro paso hacia la adultez. Por tanto, es posible que la escuela solamente tenga que crear la lista y explicar cómo añadir o borrar un nombre y la fecha en que el estudiante comenzó a tener el derecho de llevar pasajeros.

Dedicar un pequeño espacio en el sitio web de la escuela a colgar una lista de conductores que pueden llevar pasajeros y que, hasta el momento, han sido conductores seguros no será la panacea. El hecho de que el adolescente X tenga su licencia completa el tiempo suficiente para llevar pasajeros y que haya llegado hasta ese momento sin cometer ninguna infracción no significa de por sí que se trata de un conductor fiable, seguro y con experiencia. El objetivo sería ofrecer algún recurso más para ayudar a los padres a tomar una mejor decisión acerca de cuándo sus adolescentes deben ponerse al volante o entrar en un auto cuyo conductor será otro adolescente.

Las zonas ciegas

Un adolescente está en casa. De pronto, se da cuenta de que llega tarde a la escuela, a una actividad, a un evento de la comunidad, a una reunión familiar, o lo que sea. Corre a la cocina, agarra las llaves del auto de una cesta, sube al auto, arranca el motor y comienza a salir marcha atrás del garaje.

No ha mirado para ver si hay algo o alguien detrás del vehículo, así que no ve al niño pequeño que está jugando delante del garaje.

Este escenario horripilante no es demasiado difícil de imaginar, ¿verdad?

Cada semana en Estados Unidos, al menos cincuenta niños son atropellados por vehículos que dan marcha atrás porque el conductor no pudo verlos. En algunos casos, el conductor mira detenidamente las zonas ciegas antes de subir al vehículo, pero luego un niño sale sin ser visto justo cuando el auto comienza a rodar. En otras palabras, estos atropellos no siempre ocurren por negligencia, sino por el hecho de que hay lugares que el conductor no puede ver.

Educar al público acerca de las zonas ciegas es parte de la misión de KidsAndCars (NiñosYAutos), www.KidsAndCars.org, basado en Kansas. Saber que existen zonas ciegas es una información esencial para los conductores adolescentes, aunque a los demás también nos viene bien recordarlo. Las zonas ciegas constituyen un riesgo para la seguridad que yo creo que están justo debajo de la superficie de nuestra consciencia como conductores y como padres. Por eso los recordatorios son tan importantes.

El sitio web de KidsAndCars tiene fotos e ilustraciones de estos peligros. Todos los vehículos tienen zonas ciegas por delante y por detrás, siendo esta última la más grande. Las medidas exactas del largo, ancho y alto de la zona varían según la altura del conductor, la altura del asiento del conductor y las características del vehículo, pero pueden estar entre los veinte y sesenta pies de largo. Lógicamente los vehículos todoterreno, los camiones ligeros y los autos con suspensión baja tienen potencialmente las zonas ciegas más grandes. En años recientes, el número de incidentes relacionados con zonas ciegas ha aumentado de forma dramática, lo que supongo que es debido a que el público estadounidense conduce cada vez más vehículos todoterreno y camiones ligeros. El sitio web de KidsAndCars muestra unas estadísticas aterradores.

La tecnología se está convirtiendo en parte de la solución a este problema. Algunos autos nuevos llevan cámara retrovisora, y es de esperar que este tipo de cámara se incluirá de serie en la mayoría de los autos en los próximos años. A los vehículos más antiguos también se les puede equipar con una cámara retrovisora. No obstante, ni siquiera esta cámara puede ver todo, y existe el peligro de que distraiga al conductor y que este no examine los otros lados del vehículo.

No hay ninguna solución mágica aquí. Explique a su adolescente lo que es una zona ciega y dígale aproximadamente el tamaño que tiene en la parte delantera y trasera de cada auto que su adolescente vaya a manejar. Después, pídale que visite el sitio web de KidsAndCars para ver las ilustraciones y leer algunas de las historias de horror de los conductores que comenzaron a rodar su vehículo sin mirar las zonas ciegas.

22

Adhesivos de identificación de vehículos

Un tema candente relacionado con la seguridad de los conductores adolescentes es si debería haber un sistema para que la policía y los demás conductores puedan identificar un vehículo conducido por un adolescente. Este sistema ya existe en el sentido de que los autos usados para las clases de manejar normalmente llevan un cartel de "aprendiz de conductor". Lo que se debate es si los adolescentes deberían llevar un adhesivo parecido en algún lugar por dentro o por fuera del vehículo cuando ya no están siendo supervisados por un instructor de manejo. En el Reino Unido, por ejemplo, desde hace muchos años, todos los conductores noveles tienen la obligación de llevar una "L" (de "*learner*", o aprendiz en inglés) en la ventanilla trasera del auto.

En Estados Unidos, solamente Nueva Jersey ha adoptado este sistema, ya que hay bastante resistencia por parte de los padres. Los argumentos más comunes es que llevar un adhesivo podría incitar a los depredadores sexuales a perseguir a los conductores adolescentes que van solos, sobre todo a las chicas, y que podría ocasionar que la policía los detenga y actúe contra ellos basándose únicamente en su edad. El principal contraargumento es que la policía no solo debería poder vigilar más de cerca a los adolescentes por sus altos índices de choques, sino que se le debería animar a hacerlo. De este modo, sabiendo que la policía puede identificar sus vehículos, los conductores adolescentes manejarán de forma más responsable. (Una solución intermedia sería incorporar un sensor en la placa de la matrícula o la ventanilla trasera de los autos conducidos por adolescentes que solamente puedan detectar los agentes del orden público. Aunque esta tecnología es factible, que yo sepa aún no se ha implementado en ningún estado.)

En Nueva Jersey, los dos primeros años de implementación de un sistema de calcomanías han sido un éxito: los índices de choques han bajado, los agentes del orden público han acogido muy bien esta nueva herramienta y no ha habido problemas con posibles depredadores sexuales. No obstante, muchos padres y adolescentes siguen oponiéndose a este sistema y algunos han hecho caso omiso de sus requisitos.

Es una verdad innegable que es difícil que la policía haga cumplir las leyes para conductores adolescentes si no pueden identificar los vehículos conducidos por adolescentes. Sin duda es una anomalía que las leyes GDL se hayan aprobado para imponer normas especiales basadas en la edad del conductor cuando la policía no tiene forma de detectar qué vehículos están sujetos a estas normas. ¿Tiene sentido identificar a los aprendices de conductor cuando están en el auto con su instructor pero no cuando manejan solos o sin un adulto supervisor? Ahora que podemos considerar también los resultados de Nueva Jersey, el debate continúa.

23

Simuladores y escuelas de manejo de alto rendimiento

Existen dos recursos que a veces se usan para suplementar el tiempo real que pasan los adolescentes detrás del volante cuando están aprendiendo a manejar: los simuladores (también conocidos algunas veces como entrenamiento en realidad virtual) y las escuelas de manejo de alto rendimiento (que en inglés se conocen como "*skid schools*"). Si definimos el acto de conducir como la experiencia de reaccionar correctamente a las circunstancias complejas y cambiantes del tráfico y saber maniobrar entre vehículos, carteles, señales, estructuras, barreras, peatones y condiciones meteorológicas, entonces la finalidad de un simulador es mejorar las reacciones del conductor.

Las escuelas de manejo de alto rendimiento enseñan a los conductores, en lo que los anuncios de televisión llaman un "circuito cerrado" o "ambiente cerrado", a reaccionar ante situaciones repentinas o de emergencia haciendo maniobras evasivas para evitar un choque, girando el volante y usando los frenos para salir de un patinazo. Sobre todo, las escuelas de manejo de alto rendimiento permiten que los conductores practiquen reacciones de emergencia de una manera y en un lugar que normalmente no pueden ofrecer los padres y los instructores de manejo.

Es importante que los padres sepan varias cosas acerca de estos tipos de entrenamientos. Es posible que las escuelas de alto rendimiento y los simuladores den a los conductores adolescentes una falsa sensación de seguridad que los haga pensar que pueden conducir más rápido, tomar curvas más cerradas o sobrepasar de alguna manera los límites del control del vehículo *por el simple hecho* de haber sido entrenados para saber reaccionar en una posible situación de choque. Algunos estudios han demostrado que este aprendizaje avanzado en realidad aumenta los índices de choques entre los adolescentes. Sin duda estas maniobras de alto rendimiento son emocionantes, pero eso no es lo más deseable para un conductor novel. La mayor parte de los expertos con los que yo he hablado coinciden en que lo que los adolescentes necesitan sobre todo son habilidades defensivas de manejo y la confianza necesaria para mirar más allá del perímetro de su propio vehículo y ver la situación del tráfico que tienen delante. Los simuladores y las clases de alto rendimiento no ofrecen este tipo de aprendizaje.

24

Familias de habla no inglesa y hogares monoparentales

La dificultad que supone transmitir información acerca de la salud y la seguridad a los hogares de habla no inglesa es enorme, y va mucho más allá de la seguridad de los conductores adolescentes. Solo puedo resumir aquí los elementos básicos del problema. Para transmitir los avisos de seguridad de manera eficaz, los mensajes no solo deben estar en el idioma del receptor, sino también en el dialecto correcto, y deben transmitirse de manera culturalmente relevante. Por dar solo un ejemplo, en algunas culturas existe una creencia predominante de que el individuo tiene poco control sobre los acontecimientos de la vida. Esta actitud podría debilitar un mensaje que impulsa a los padres de conductores noveles a tomar las riendas.

Los hogares monoparentales a menudo también presentan un desafío especial, el cual se muestra en esta historia. Una madre que llevaba varios años separada del padre de su hija, la cual acababa de obtener su licencia, me preguntó qué debía hacer cuando su ex esposo compró un auto a la hija de ambos. Estos padres viven en la misma región y tienen una comunicación fluida, pero el padre no pidió el consentimiento de la madre antes de comprar el auto.

Ofrecí dos consejos a la madre. El primero era poner en conocimiento de su ex esposo el estudio reciente llevado a cabo por State Farm/Children's Hospital of Philadelphia que muestra que los conductores adolescentes con auto propio tienen índices de choques más altos que los que dependen de autos compartidos (capítulo 17). En segundo lugar, sugerí que la madre descargara de Internet un acuerdo de conductor adolescente y que los tres lo leyeran, hablaran de él, se pusieran de acuerdo y lo firmaran lo antes posible.

Aunque podríamos decir que los viajes que hacía la hija entre las casas de los dos padres tenían un "propósito", la compra del auto seguramente la obligó a manejar más a menudo de lo que le convenía. Además el hecho de que el padre, que no tiene custodia de su hija, comprara por sorpresa el auto plantea interrogantes acerca de cuál de los padres está supervisando los privilegios del uso del auto y la seguridad de la hija.

Las circunstancias de esta familia requieren precauciones incluso mayores de lo habitual y los padres deben hablar para tomar decisiones de forma diaria y caso por caso acerca de cuándo debe conducir su hija. Un acuerdo de conductor adolescente firmado por ambos padres sería un buen comienzo.

¿Debe supervisar a los adolescentes de otras personas?

Si usted ve a un conductor adolescente al que conoce —de la escuela, de algún evento deportivo o actividad de la comunidad o simplemente de verlo en el barrio— y observa que excede el límite de velocidad, envía mensajes de texto mientras maneja, lleva pasajeros que usted sabe que son ilegales o maneja después del toque de queda de su estado, ¿qué hace? ¿Informa a los padres o guardianes del conductor adolescente?

Su propio adolescente se fija en su escuela en otros que salen de la playa de estacionamiento con pasajeros cuya presencia viola las restricciones de pasajeros del estado. Sabe que este grupo va a ser un grupo revoltoso y peligroso. ¿Debería informar a alguien en la escuela? ¿Debería hacerlo usted?

Cuando se trata de conductores adolescentes, ¿es lícito que los padres vigilen a los hijos de los demás?

Las reservas que podría tener un padre a la hora de llamar a uno de los padres de otro conductor adolescente, al que ha visto conducir de manera ilegal o peligrosa, son fáciles de entender. Para comenzar, es muy probable que los padres de aquel adolescente no entiendan, o no quieran entender, los peligros de la conducción adolescente, y por tanto, cuando usted les diga, "He visto que su hijo Billy enviaba mensajes de texto mientras conducía", le responderán, en voz alta o para sí, "Ah sí, ¿y qué?". También podrían responder con una dura advertencia de que usted debería "meterse en sus asuntos" o tal vez con una pregunta en tono arrogante acerca de si su propia forma de conducir o la de su adolescente son tan perfectas que usted se considera con derecho a vigilar a toda la comunidad. Quizá los otros padres se pongan a la defensiva porque lo que usted ha visto es algo que ellos mismos hacen de forma rutinaria, por lo que su comentario no solo es una queja acerca de la forma de conducir del adolescente sino también de la suya. Y en estos tiempos de tuits y mensajes electrónicos que recorren el ciberespacio en cuestión de segundos, uno podría incluso temer que una queja acerca del conductor adolescente de otro podría acabar publicada en Facebook o tuiteada en Twitter, y así lo que comenzó como un aviso bien intencionado de un padre a otro de pronto podría dejarlo en ridículo en todo el barrio como si fuera un chismoso.

Sí, es muy fácil enumerar las razones por las cuales usted no debería siquiera pensar en informar a otra familia de lo que ha hecho su conductor adolescente. Sin embargo, hay muchas razones por las cuales sí debería hacerlo.

El punto de partida es aceptar que la seguridad de los conductores adolescentes es algo que debería preocupar a todos, por la sencilla y bien documentada razón de que las probabilidades de que un conductor adolescente choque son tres veces mayores que las del grupo más seguro de conductores, los que tienen entre treinta y cinco y cuarenta y nueve años. Cada año en nuestro país, tres millones de adolescentes obtienen sus licencias; estos nuevos conductores comparten las carreteras con nosotros. La seguridad de los conductores y los pasajeros en general está en mayor peligro con los conductores adolescentes que con cualquier otro grupo de edad. Y esto es sin tener en cuenta los que envían mensajes de texto mientras manejan.

Ahora, pregúntese lo siguiente: si su conductor adolescente estuviera haciendo algo peligroso, ¿le gustaría que lo informaran, sea cual sea la fuente? Esperemos que no haya dudado en contestar rápidamente que sí.

Recordemos también que la policía no puede estar en todas partes o incluso en la mayoría de los lugares donde los necesitamos, por lo que la supervisión de los conductores adolescentes corresponde principalmente a los padres. Si usted piensa que esta responsabilidad se limita a su propio conductor adolescente, está poniendo obstáculos innecesarios a la supervisión que es esencial a la seguridad de la conducción adolescente.

Finalmente, dese cuenta de que, con los conductores adolescentes, el tiempo es el enemigo. Si los conductores adolescentes se portan mal y se salen con la suya, se sentirán empoderados y volverán a actuar de la misma manera, o incluso tratarán de ir más allá. Está bien documentado el hecho de que las actitudes de los conductores adolescentes se deterioran en los seis primeros meses después de obtener sus licencias (ver capítulo 15). En este momento, se tiende a olvidar las lecciones y las precauciones de las clases de manejar y vuelve a entrar en acción la fase de permiso de aprendiz y la atracción natural del adolescente a asumir riesgos. Observar una conducta peligrosa o ilegal y no informar a nadie no solo es una omisión sino también una negativa a dar un paso importante para la seguridad pública.

Teniendo en cuenta todo lo anterior, cada vez que vemos una conducta indebida por parte de un conductor adolescente, es responsabilidad de cada uno de nosotros informar enseguida a los padres o guardianes, al personal de la escuela o a quienquiera que mejor pueda tomar medidas, en beneficio de la seguridad de nuestras familias, nuestra comunidad y nosotros mismos.

Dicho eso, nos quedan dos cuestiones por resolver: ¿cuál es la mejor forma de comunicarnos y qué debemos decir? En cuanto a cómo hacerlo, hay varias opciones: una conversación cara a cara, una llamada telefónica, un correo electrónico o un mensaje de texto. Eso depende de su preferencia. El problema de enviar un correo electrónico o un mensaje de texto es que podría acabar en algún sitio fuera de su control, y esto puede ser una desventaja. ("Mira lo que me dice este tipo acerca de mi Alice".) Una conversación cara a cara podría dar más lugar a los temores mencionados más arriba. Posiblemente una llamada telefónica sea la forma más segura.

Si yo fuera a llamar a otro padre para informarle de algo ilegal o peligroso que ha hecho su conductor adolescente, yo le diría algo así:

> Le habla Tim de la Calle Jones. Le pido disculpas de antemano por esta llamada y espero que entienda mis razones para llamar. Vi que su hija enviaba mensajes de texto mientras manejaba en la Calle Hope. Me quedé muy preocupado por su seguridad y la de las personas a su alrededor. [Aquí uno podría aprovechar para decir algo agradable acerca de el o la adolescente en cuestión: "Es una joven estupenda".] Espero no ofenderlo al decírselo. Lo hago solamente porque me preocupa la seguridad de todos. Le agradezco que me haya escuchado.

Aunque suene a cliché, cuando se trata de la conducción adolescente, sin duda hace falta todo un pueblo. Así que, por favor, no tenga miedo de llamar, y hágalo cuanto antes.

26

En resumen: consejos del papá de Reid, www.fromreidsdad.org

1. Tenga en cuenta que ningún adolescente conduce de forma segura, principalmente porque la parte del cerebro que nos aporta juicio y control no termina de desarrollarse hasta los veintidós a veinticinco años. Esta limitación es imposible de superar, aunque el adolescente reciba muchas horas de entrenamiento.
2. Recuerde que una persona que haya aprobado un curso de formación para conductores es un principiante; no es un conductor seguro ni con experiencia.
3. Reconozca que hacer cumplir las leyes para conductores adolescentes depende principalmente de los adultos supervisores; la policía y las escuelas solo pueden ayudar.
4. Asegúrese de hacer una gran ceremonia cada vez que entregue las llaves del auto a su adolescente.

5. No meta prisa a un adolescente que, por la razón que sea, no está listo para manejar de forma segura.
6. Prepare y firme un acuerdo de conductor adolescente y después asegúrese de que se cumpla.
7. Reconozca los factoras que aumentan considerablemente el riesgo (ya de por sí alto) de que un conductor adolescente tenga un choque: exceder el límite de velocidad, drogas y alcohol, fatiga, mal tiempo o un vehículo poco seguro.
8. Reconozca la diferencia entre conducir en serio, o con un propósito, y conducir para divertirse.
9. Entienda que cada pasajero que lleve a un adolescente en el auto aumenta la probabilidad de un choque, hermanos incluidos.
10. Exija que el conductor adolescente y sus pasajeros se abrochen siempre los cinturones de seguridad.
11. Reconozca que los primeros seis meses en que el adolescente conduce solo son los más peligrosos.
12. No permita que el adolescente sea el único o principal conductor de un auto, y en todo caso, elija un auto con la mayor cantidad de elementos de seguridad posibles.
13. Tenga en cuenta los momentos más peligrosas para los conductores adolescentes: a la salida de la escuela, entre 9:00 PM y medianoche y durante el verano.
14. Si su adolescente recibe una sanción o una citación, asegúrese de aprovecharla como una herramienta de aprendizaje.
15. Tenga tolerancia cero cuando se trata del uso de aparatos electrónicos por parte de los conductores adolescentes, ya sea un GPS o un aparato que sirva para enviar mensaje de texto, teclear, leer, ver videos o hacer llamadas.
16. No permita que su adolescente lleve auriculares mientras maneja.

17. Tenga cuidado con los formularios escolares que permiten que los adolescentes lleven pasajeros.
18. Si puede permitirse comprar un aparato con tecnología que permite rastrear la ruta de su adolescente, cómprelo e instálelo.
19. Hágase responsable de todos conductores adolescentes con los que entre en contacto, no solamente del suyo.
20. No ponga su conveniencia por delante de la seguridad de un conductor adolescente.
21. Sea un modelo a seguir: evite las distracciones, abróchese el cinturón, observe los límites de velocidad y sea un conductor defensivo.

Un llamamiento a los padres

Empecé este libro diciendo que en las semanas y los meses que siguieron al choque de mi hijo Reid, "lo que me atormentaba no era tanto la idea de haber cometido algún terrible error a la hora de supervisar a mi hijo cuando conducía, sino la confusión que sentía porque creía haber hecho todo lo que debía hacer como padre —lo mismo que veía que hacían los demás padres— y aun así había muerto". Yo pensaba que era un padre corriente, razonablemente bien informado y práctico.

No estaba bien informado en absoluto. Como reconozco en el capítulo 1 (Mi historia), cometí bastantes errores porque, igual que otros muchos padres, no había entendido los peligros ni los pasos que podría dar para evitarlos. Yo creía que las clases de manejar habían convertido a Reid en un conductor relativamente seguro, y que el hecho de obtener su licencia del Departamento de Vehículos Motorizados era la confirmación. No me porté como un controlador aéreo con él. No firmamos un acuerdo de conductor adolescente. Permití que comprara su propio auto y que lo usara para pasear con sus amigos. Firmé un formulario que le daba permiso para llevar a otros alumnos a las actividades escolares. No reconocía los peligros de los teléfonos celulares y el envío de mensajes de texto.

En mi propia defensa, puedo decir que mi hijo conducía un auto relativamente seguro y que no tuvo ningún choque durante once meses, y que, la noche en que murió, había ido a pasear con sus amigos sin mi autorización. Ni el alcohol, ni las drogas, ni la fatiga, ni su teléfono celular ni sus pasajeros jugaron un papel en el choque, y el hecho es que una variación de dieciocho pulgadas en el lugar donde su auto chocó contra la barandilla le habría salvado la vida cuando el exceso de velocidad y la falta de experiencia lo hicieron perder el control del auto.

Ya no me culpo por lo que pasó. Yo no le entregué las llaves la noche del 1 de diciembre del 2006. No aprobé la ruta que iba a tomar ni a sus pasajeros. Además, ningún padre puede supervisar a un conductor adolescente las veinticuatro horas del día. De vez en cuando me siento agradecido porque en el choque de Reid no murió ninguno de sus pasajeros.

Ahora mi misión es transmitirle a usted, como padre, este mensaje: hágalo mejor que yo. Aprenda de mi experiencia y del trabajo que yo he hecho, y tome la determinación de evitar los errores que yo cometí.

Me doy cuenta de que el desafío fundamental de ser padres de un adolescente es encontrar el equilibrio entre la exposición a los riesgos y la protección. Queremos que aprendan, que exploren oportunidades que a veces solo pueden alcanzar en auto. Conducir es parte de hacerse mayor, y nadie quiere retrasarlo.

Pero, por favor:

- Tenga la máxima prudencia.
- Comprenda lo realmente peligroso que es la conducción adolescente.
- No ponga la comodidad por delante de la seguridad.
- Sea proactivo día tras día.

- Evite las situaciones de más alto riesgo.
- Suelte las ataduras de forma muy gradual.
- Si su instinto le dice que no es buena idea que su adolescente se ponga al volante en determinado momento, escuche su instinto y no se deje llevar por la presión social.
- No intente hacerse amigo de su adolescente con las llaves del auto.

Las consecuencias de una muerte o lesión grave de un conductor adolescente están más allá del alcance de este libro, pero créame, el dolor emocional es peor de lo que usted se pueda imaginar. Los consejos de este libro no garantizan la seguridad, pero los pasos que recomienda son medidas comprobadas que lo ayudarán a usted y a su familia a sobrellevar mejor los riesgos de la conducción adolescente y así evitar lo impensable.

Gracias por escuchar.

—Tim

Recursos sobre la conducción adolescente

www.allstate.com/foundation/teen-safe-driving.aspx — sitio web de la Fundación Allstate; Allstate ha montado una campaña nacional para promover el uso de los acuerdos de conductores adolescentes.

www.aaafoundation.org — sitio web de American Automobile Association Foundation (Fundación de la Asociación Americana del Automóvil); incluye investigaciones detalladas acerca de la conducción e instrucción de los adolescentes.

www.cdc.gov/features/safeteendriving — sitio web dedicado a los conductores adolescentes de Centers for Disease Control and Prevention (Centros para el Control y Prevención de Enfermedades)

www.childrenshospitalblog.org — blog sobre salud infantil de Boston Children's Hospital (Hospital para Niños de Boston)

www.teendriversource.org — sitio web del Children's Hospital of Philadelphia (Hospital de Niños de Filadelfia), un líder nacional en la investigación sobre la conducción adolescente segura

www.distraction.gov — sitio web del Departamento de Transporte de Estados Unidos que resume la investigación reciente acerca de la distracción al volante

www.drivingskillsforlife.com — programa de Ford acerca de las habilidades necesarias para una conducción segura www.impactteendrivers.org — una coalición de padres, agentes del orden público y equipos de primeros auxilios con sede en Sacramento, California, que organiza programas de entrenamiento innovadores

www.iihs.org — Insurance Institute for Highway Safety (Instituto de Seguros para la Seguridad en las Carreteras), un líder nacional en la investigación de todos los aspectos de la seguridad vial

www.libertymutual.com/teendriving — sitio web de la compañía de seguros Liberty Mutual, que ofrece a los padres y los adolescentes consejos y herramientas. A través de una colaboración con SADD, Liberty Mutual publica investigaciones originales acerca de las actitudes de los adolescentes y las familias, los comportamientos relacionados con la conducción adolescente y el consumo de alcohol por parte de los menores de edad.

www.lifesaversconference.org — sitio web de la reunión anual de los profesionales de la seguridad vial

www.madd.org/powerofparents — programa de MADD (Mothers Against Drunk Driving o Madres en Contra de Conducir en Estado de Ebriedad) para prevenir el consumo de alcohol por parte de los menores de edad, el cual incluye una sección especial acerca de los conductores adolescentes.

www.mourningparentsact.org — organización con sede en Connecticut de padres que han perdido a sus hijos en accidentes de automóvil (yo soy uno de los participantes); el grupo comunica a los estudiantes de escuelas secundarias, a través de visitas personales, las consecuencias que puede tener la conducción no segura para las familias.

www.nhtsa.dot.gov — National Highway Traffic Safety Administration (Administración Nacional de Seguridad del

Tráfico en las Carreteras), una agencia federal; la parte de su sitio web dedicada a la conducción adolescente ofrece una gran cantidad de información, recursos y estadísticas para los padres.

www.noys.org — National Organizations for Youth Safety (Organizaciones Nacionales para la Seguridad Juvenil, o NOYS por sus siglas en inglés), una coalición nacional de grupos que promueve todos los aspectos de la seguridad de los jóvenes y la seguridad de la conducción adolescente en particular. NOYS ha sido muy activo recientemente en la lucha contra la distracción al volante y el envío de mensajes de texto entre los conductores adolescentes. Publica un boletín electrónico mensual sobre la seguridad de los conductores adolescentes llamado "Under Your Influence" ("Bajo tu influencia"), www.underyourinfluence.org.

www.nsc.org/safety_home/MotorVehicleSafety/Pages/MotorVehicle Safety.aspx — National Safety Council (Consejo Nacional de Seguridad), que publica la guía *Teen Driver: A Family Guide to Teen Driver Safety* (Conductor adolescente: guía de la seguridad de los conductores adolescentes para la familia), 2004

www.sadd.org — sitio web de Students Against Destructive Decisions (Estudiantes en Contra de las Decisiones Destructivas), que incluye materiales educativos y de prevención que los estudiantes pueden usar en sus escuelas y comunidades, así como información para padres, profesores y otros adultos involucrados

www.safercar.gov — una lista completa de las calificaciones de seguridad de los vehículos, publicada por el gobierno de Estados Unidos

www.betterteendriving.com — sitio web de la compañía de seguros State Farm

www.toyotadrivingexpectations.com — programa de conducción adolescente de Toyota

Modelo de acuerdo de conductor adolescente

Advertencias para los adultos supervisores

- Los padres pueden prohibir a los adolescentes menores de dieciocho años que conduzcan. *Considere todos los riesgos para la seguridad y utilice su buen criterio.*
- Los conductores adolescentes *no deben usar ningún tipo de aparato electrónico*, en ningún momento, salvo que su vehículo esté estacionado, *para enviar mensajes, teclear, leer, ver videos o comunicarse con alguien fuera del vehículo.*
- Usted es un *modelo a seguir para su adolescente*, por lo que debe ser un conductor responsable y defensivo.

Riesgos para la seguridad

(el adolescente y el o los adulto(s) supervisor(es) deben poner sus iniciales al lado de cada punto)

INICIALES

______ Conducir es especialmente peligroso para los adolescentes porque el cerebro humano no desarrolla completamente su habilidad para valorar los riesgos y peligros y controlar los impulsos hasta que tenemos unos veinticinco años. Por mucha instrucción que demos al conductor adolescente, esta limitación no se puede superar.

______ Aprobar un curso de formación para conductores y obtener una licencia de conducir significa que un adolescente es un principiante, no un conductor seguro.

______ Un conductor adolescente puede causar lesiones, daños e incluso muertes, que además pueden resultar en sanciones penales y civiles y responsabilidad económica para los padres.

______ La conducción temeraria pone en peligro la vida del conductor, de los pasajeros, de otros conductores y de los peatones.

Acuerdo de conductor adolescente

1. **Duración**: este Acuerdo permanecerá vigente hasta (*se recomienda un periodo de un año o hasta que cumpla los dieciocho, lo que venga más tarde*) ____.

2. **Adulto supervisor**: mi conducción será supervisada por uno o más adultos, que decidirán, día tras día, si es seguro que yo conduzca.

3. **Plan de conducción**: pediré permiso a uno de los adultos que me supervisan cada vez que quiero conducir, y nos pondremos de acuerdo en mi ruta, destino, hora de regresar y pasajeros. No se permite conducir solamente para divertirse (sin destino fijo y sin propósito).

4. **Cinturones de seguridad**: llevaré mi cinturón de seguridad y me aseguraré de que cada pasajero en mi coche lleve el suyo.

5. **Aparatos electrónicos**: a menos que mi vehículo esté estacionado, no utilizaré ningún aparato electrónico, ni siquiera en manos libres, para enviar mensajes de texto, teclear, leer, ver videos o comunicarme con una persona que esté fuera del vehículo.

6. **Toques de queda**: entiendo que no podré conducir entre las horas de (*rellene las horas del toque de queda estatal o un horario más estricto*) ________, con la excepción de (*rellene las excepciones de su estado*) ________. Si necesito más tiempo (por ejemplo, para un trabajo o una actividad escolar), obtendré permiso por escrito y lo llevaré en mi vehículo.

7. Pasajeros (*debe estar de acuerdo con las leyes estatales; puede ser más estricto; se recomiendan tres fases*): durante los ______ primeros meses con licencia, llevaré solamente un adulto que supervise mi modo de conducir. Durante los siguientes ______ meses, llevaré solo un conductor supervisor y miembros de la familia inmediata. No transportaré a nadie más hasta que tenga mi licencia durante (*se recomienda un año*) ____________.

8. Consumo de alcohol o drogas, fatiga: nunca conduciré bajo la influencia del alcohol o las drogas, o cuando no he descansado lo suficiente.

9. Exceso de velocidad: respetaré los límites de velocidad, las señales de alto, las señales de tráfico y las reglas de la carretera. Ajustaré mi velocidad según las condiciones de la carretera (por ejemplo, mal tiempo, curvas, colinas, poca visibilidad, caminos desconocidos).

10. Suspensión de los privilegios de conducir: la violación de este Acuerdo o de las leyes estatales podría ser notificada a uno de mis adultos supervisores por la policía, los vecinos, el personal de la escuela o amigos. *SI INCUMPLO CUALQUIERA DE ESTAS OBLIGACIONES, MIS PRIVILEGIOS DE CONDUCIR SERÁN SUSPENDIDOS DURANTE ______ DÍAS.* Esta suspensión será además de cualquier requisito de la ley estatal. Si conduzco cuando mis privilegios están suspendidos, serán suspendidos de forma indefinida.

11. Llamada de transporte seguro: podré llamar en cualquier momento para pedir un transporte seguro y así evitar una situación peligrosa. Las razones por las cuales pido este transporte no constituirán una violación de este Acuerdo.

12. Finanzas: durante la duración de este Acuerdo, los gastos de seguro de auto, gasolina y mantenimiento serán divididos: __________.

13. Tecnología: (*especifique cualquier aparato que será instalado o utilizado para rastrear información acerca de la forma en la que el adolescente opere el vehículo.*) ______________.

14. Mediador (opcional): nombramos a ______________ para que sirva de mediador(a). Si surgiera alguna disputa acerca de este Acuerdo, pediremos el consejo de nuestro mediador(a).

AL FIRMAR, TODOS NOS COMPROMETEMOS A CUMPLIR LAS OBLIGACIONES DE ESTE ACUERDO.

RECONOCIMIENTOS

En el 2006, habría dado todo por salvar a mi hijo y evitar el dolor que siguió a su fallecimiento. Pero, aun así, tengo mucho de que estar agradecido, como las personas sin las cuales este libro no se hubiera escrito.

Ante todo, gracias a mi esposa Ellen y a mi hija Martha por ser mis animadoras y mis consejeras.

La primera persona que me sugirió escribir este libro fue mi compañera de universidad y veterana de la industria editorial Kathy Mintz. Ella se dio cuenta antes que yo de que en mi blog había suficiente contenido y que había suscitado bastante interés como para convertirlo en guía. Matt Richtel del *New York Times* fue una fuente de inspiración, y me hizo pensar que yo podría realmente aportar algo, a través de su colección de escritos acerca de la distracción al volante, que le merecieron un premio Pulitzer en el 2010.

Mi agradecimiento a Sandy Spavone y a Nicole Graziosi de National Organizations for Youth Safety es difícil de expresar. A principios del 2011, las dos acogieron este proyecto y han dedicado su energía a apoyarlo desde entonces. NOYS ha hecho mucho por el bienestar de la juventud de Estados Unidos, y para mí ha sido un honor colaborar en su quehacer.

Curt Clarisey de Simsbury, Connecticut, diseñó mi blog y, con mucha dedicación, lo actualiza y lo va mejorando. Gracias a él aprendí cómo escribir un blog de manera que tenga éxito. Curt, gracias por tus incansables esfuerzos.

Joy Tutela ha sido para mí mucho más que un agente: ha sido mi amiga, mi confidente, mi consejera y me ha dado todo su apoyo. Su firme creencia en que la historia de Reid ayudaría a los demás padres me animó a seguir adelante.

Ha sido un placer trabajar con la gente de Chicago Review Press/ Independent Publishers Group, entre ellos la editora, Lisa Reardon, así como Jen Wisnowski, Amelia Estrich y Mary Kravenas.

Mi ayudante durante los últimos veinte años, Erin Fitzgerald, ha tecleado y formateado innumerables revisiones del manuscrito de este libro, y siempre lo ha hecho con su habitual buen humor.

Gracias al abogado Robert Labate por su ayuda con los asuntos legales.

Cathy Gillen de PTG Enterprises me permitió gentilmente servirme de sus incomparables conocimientos y sus muchos contactos en el ámbito de la seguridad vial y el transporte.

Gracias a las personas del ámbito del automóvil y la seguridad vial nacional, y de Nueva Inglaterra en particular, que revisaron o hicieron comentarios sobre el manuscrito: Kevin Borrup y Garry Lapidus del Connecticut Children's Medical Center (Centro Médico Infantil de Connecticut); la doctora Kelly Browning de Impact Teen Drivers (Impacto sobre Conductores Adolescentes) de California; Sharon Silke Carty del *Huffington Post*; Sherry Chapman de !MPACT; Pam Fischer, una madre y defensora de Nueva Jersey; Cathy Gillen de Road Safety Foundation (Fundación de Seguridad Vial); Bruce Hamilton de la Fundación AAA; Dean Johnson de la Fundación Sandy Wood Johnson; Rik Paul de la revista *Consumer Reports*; Karen Polan de Toyota; Dave Preusser de Preusser Research Group; y Piña Violano del Hospital de Yale-New Haven.

Gracias al personal del Departamento de Marketing de Shipman & Goodwin LLP, Jill Mastrianni, Jen Stokes y Maria Ramsay, por creer en mi misión y por su experto apoyo en mis presentaciones sobre la seguridad en la conducción adolescente. Gracias también a los compañeros de Shipman & Goodwin, sobre todo a Scott Murphy y

Barry Hawkins, por animarme y por darme tiempo para trabajar en este proyecto, y también al equipo de apoyo Jeanne Swayner, Carolyn Lawrence, Deanna Alvarez y Jesse Rodriguez por su incansable ayuda por las tardes y durante los fines de semana.

En abril del 2013, un grupo de discusión compuesto por asistentes de las conferencias de Lifesavers acerca de las prioridades de seguridad en las carreteras, dirigido hábilmente por la doctora Kelly Browning, me proporcionó comentarios sumamente valiosos sobre el borrador definitivo de este manuscrito. Gracias a Mi Ae Lipe, Rosalie Ashcraft, Ted Beckman, Kathy Bernstein, Lee Boan, el sargento Matt Cabot, Leeana Clegg, Amanda Foster, Howard Hedegard, Herbert Homan, Lisa Kutis, Lorrie Lynn, Pam Morrison, Susanne Ogaitis-Jones, Brian Pearse, Gordy Pehrson, Karen Pennington, David Resnick, Jackie Stackhouse Leach, Richard Sullivan, Margaret Skrzypkowski, Donna Tate, Dana Teramoto y Stacey Tisdale.

Gracias, finalmente, a mis nuevos amigos en los ámbitos de la seguridad vial nacional y de Connecticut: Michelle Anderson, Liza Barth, Roy Bararo, Ernie Bertothy, Angie Byrne, el doctor Brenden Campbell, Neal Chaudhary, Jenny Cheek, Hilda Crespo, Joe Cristalli, la comisionada Melody Currey, Mario Damiata, Diana Imondi Dias, Victor Diaz, la doctora Bella Dinh-Zarr, Brendan Dufor, Janette Fennell, Joel Feldman y Dianne Anderson, Ami Ghadia, Bob Green, el representante Tony Guerrera, Shelley Hammond, Jack Hanley, Richard Hastings, Jim Hedlund, Suzanne Hill, Jack Hoch, Amy Hollingsworth, Donna Jenner, Julie Kettner, Peter Kissinger, Gary Knepler, Vicki Knox, Jill Konopka, Jim MacPherson, Laura y Vince Marchetti, Justin McNaull, Erin Meluso, Kelly Murphy, Susan Nadie, Janice Palmer, Starrla Pennick, Juliet Pennington, Gody Pehrson, la gobernadora M. Jodi Rell, Dave Roy, Bill Seymour, Marian Storch, Joe Toole, Lynn Townshend, el coronel Paul Vance, Faith Voswinkel, Robert Ward, Peggy Wells y Bill Windsor. Tengo muchísimo de que estar agradecido.

ÍNDICE

ACERCA DEL AUTOR

En el año 2006, Tim Hollister perdió a su hijo Reid, de diecisiete años, en un choque de un solo auto en una carretera interestatal de Connecticut. Un año más tarde, después de varios choques mortales más en el estado, el gobernador de Connecticut eligió a Tim, como padre en duelo, para participar en una comisión especial cuya misión fue reexaminar la ley para conductores adolescentes de su estado. Gracias a esa comisión especial, en el 2008 Connecticut reformó su ley, pasando de ser una de las menos severas en la nación a una de las más estrictas. Después de servir en la comisión especial, Tim comenzó a hablar públicamente y escribir sobre temas que, en gran medida, no se han abordado en las publicaciones a las que tienen acceso los padres de conductores adolescentes: qué pueden hacer antes de que su adolescente se ponga detrás del volante para evitar las situaciones más peligrosas.

REID HOLLISTER
Julio 22, 1989–Diciembre 2, 2006

En el 2009, Tim lanzó su blog nacional para los padres de conductores adolescentes:

"From Reid's Dad", www.fromreidsdad.org. Este blog se ha presentado en el programa de Kyra Phillips, *Raising America*, en el canal de televisión HNL, y ha aparecido en el *Huffington Post*, en varias emisoras de televisión y radio, periódicos, boletines de noticias, sitios web y otros blogs. Actualmente, muchos padres, agencias gubernamentales, escuelas de manejo, oficiales de policía y defensores de la seguridad vial en todo el país confían en este blog. En el 2010, National Highway Traffic Safety Administration (Administración Nacional de Seguridad del Tráfico en las Carreteras) galardonó a Tim con su Premio al Servicio Público, el máximo galardón de seguridad vial para civiles otorgado por el Departamento de Transporte de Estados Unidos.

Tim es uno de los socios de un bufete de abogados, donde se especializa en la práctica de derecho medioambiental y del uso del suelo. Durante los últimos años, su nombre aparece en los listados de los mejores abogados de Estados Unidos. Vive en Connecticut con su esposa y su hija.